U0117193

教育学学术论文
类型与工具

兰国帅◎编著

科学出版社
北京

内 容 简 介

　　学术论文写作,不仅需要具备深厚的理论知识,还需要熟练掌握和运用各种科研工具。本书采用学术论文写作系统化思维,着重探讨了教育学学术论文科研工具的实践应用,深入阐述了怎样检索、整合文献,怎样利用 EndNote、NoteExpress、知网研学等工具管理文献。本书还针对不同类型的研究论文,如文献综述类、元分析类、量化研究类、质性研究类和混合研究类论文,具体提供了 CiteSpace、VOSviewer、CitNetExplorer、CMA、SPSS、Amos、SmartPLS、NVivo、ATLAS.ti、MAXQDA 等多种科研工具的操作指南及其学术论文示例。本书旨在全面提升人文社会科学领域,尤其是教育学专业高校学生和青年教师的学术论文撰写能力、科研工具操作能力,进而提高其整体学术素养。

　　本书特别适合人文社会科学领域的大学生(本科生、硕士生、博士生)和研究者(青年教师、研究新手)使用,旨在提升其学术论文撰写能力和学术素养。同时,它也为人文社会科学领域其他专业学生和研究者提供了有价值的参考与借鉴。

图书在版编目(CIP)数据

教育学学术论文类型与工具 / 兰国帅编著. --北京: 科学出版社, 2024.6.
--ISBN 978-7-03-078670-8

Ⅰ. G40 ; H152.3

中国国家版本馆 CIP 数据核字第 20247J44G0 号

责任编辑: 卢 森 张春贺 / 责任校对: 王晓茜
责任印制: 徐晓晨 / 封面设计: 润一文化

科 学 出 版 社 出版

北京东黄城根北街 16 号
邮政编码: 100717
http://www.sciencep.com

北京中石油彩色印刷有限责任公司印刷
科学出版社发行　各地新华书店经销

*

2024 年 6 月第 一 版　开本: 720×1000　1/16
2024 年 6 月第一次印刷　印张: 14 1/2
字数: 298 000

定价: 68.00 元
(如有印装质量问题, 我社负责调换)

序 言
PREFACE

生成式人工智能教育时代，掌握规范的教育学学术论文写作类型、技巧和科研工具，提升学术论文撰写能力，对大学生、教师和研究者尤为重要。虽然很多院校开设了教育学研究方法、学术论文规范与写作等学术训练课程，以促使大学生学术素养有所提升，但实践层面依然存在选题缺乏亮点、标题不够醒目、摘要不够规范、关键词不够精准、文献检索不周全、引言缺乏明确目的、文献综述不深入、研究设计不全、研究方法单一、研究工具使用不熟练、元分析类论文不懂、量化类论文不精、质性类论文不专、研究结果不新、研究讨论不深、研究结论不明、研究启示不亮、研究结语不全、参考文献失范等问题。因此，为使教育学专业大学生（本科生、硕士生、博士生）和研究者（特别是青年教师、研究新手）有效规避上述问题，掌握规范的教育学学术论文写作类型、技巧和科研工具，笔者总结多年学术论文写作和审稿经验，特撰写《教育学学术论文类型与工具》一书。

本书采用学术论文写作系统化思维，重点围绕怎样检索和管理文献、怎样撰写不同类型论文、怎样操作好研究工具等内容，旨在提升教育学专业大学生和青年教师的学术论文撰写能力、科研工具操作能力和学术素养。

本书是 2023 年度河南省高校哲学社会科学创新人才支持计划（项目编号：2023-CXRC-12）、2023 年河南大学科研实验室（平台）面向本科生开放性课题项目（项目编号：20231403081）、2023 年河南省软科学研究计划项目（项目编号：232400410019）、2024 年度河南省高等学校重点科研项目资助计划（项目编号：

24A880003）、郑州市 2024 年度社科调研课题、2023 年度河南大学研究生教育教学改革研究与实践项目（项目编号：YJSJG2023XJ061）、河南省教育政策研究院（软科学研究基地）、教育部共建教育评价改革研究基地（河南大学）和河南大学教育学部教育学筑峰学科建设项目的阶段性研究成果，受到以上项目的资助。

本书由兰国帅博士负责策划、设计、撰写和统稿。其中，参与初稿整理与校对的有：兰国帅、杜水莲、张欢、宋梦琪、吴迪、黄春雨、王妮娜、孙永刚（第一章）；兰国帅、宋帆、丁琳琳、孙攀瑞、方艳梅、蔡帆帆、李晴文、郭天雯（第二章）；兰国帅、肖琪、赵怀亮、牛淑丽、刘娅、孙永刚（第三章）；兰国帅、杜水莲、宋帆、肖琪、丁琳琳、张欢、辛婉如、孙艳（第四章）。在此衷心地向所有参与本书撰写的人员表示最诚挚的感谢！此外，特别感谢科学出版社教育与心理分社付艳分社长以及卢淼、崔文燕、张春贺等编辑付出的辛勤劳动，也借此向所有关心此书的同志表示最衷心的感谢和崇高的敬意！

本书参考并引用了部分国内外文献与网站资料，其中的主要来源已在脚注中列出，如有遗漏，恳请谅解。在此谨对资料及案例作者表示感谢。由于笔者经验与学识有限，书中难免存在不足之处，敬请批评指正。

目　录
CONTENTS

第 一 章

怎样检索管理研究文献

高效检索和管理文献是论文写作的必要工作和重要前提，也是获取专业知识和有效信息的重要手段。高效检索和管理文献可以帮助研究者快速查找所需高质量论文。因此，高效检索文献是科研入门的必备技能之一。

掌握文献检索的技能可以帮助研究者快速掌握研究课题的进展动态，了解此课题研究领域的研究现状和研究成果，并为自己拓宽写作思路。而文献管理软件的有效应用不仅可以科学管理各种电子文献，提高文献的利用效率，还可以帮助作者简化整理文献的流程，为研究者撰写论文带来便利，具有重要的实用意义。

因此，掌握高效检索和管理文献的技能是一名研究者必须具备的科研能力，也是完成学术论文撰写工作的重要前提。

第一节 高效检索学术文献：精准收集论文论据

掌握高效检索学术文献的方法至关重要，高效检索文献可以帮助研究者快速便捷地搜集所需要的资料，达到事半功倍的效果。在本节中将为大家介绍学术论文文献的常见类型、学术文献检索的四种渠道以及学术文献整合的主要策略，帮助大家了解高效检索学术文献的基础知识和实际应用。

一、学术论文文献的两种类型

学术论文文献作为学术研究成果的书面表述和文本呈现，可分为多种类型。为便于文献检索，文献分类的方法必须科学、合理，不同类型的文献往往也能发挥不同的作用。首先，它能丰富学者的学术交流方式。对初学者而言，阅读综述性文献，能更全面、系统地了解该领域的研究现状和特点；对该研究领域有一定建树的专家而言，他们往往倾向于阅读原创性研究论文或者会议论文，以及时跟踪研究领域前沿热点，并了解所在领域其他学者的不同观点。其次，期刊影响因子在一定程度上为研究者阅读到高质量研究论文等提供了参考。[①]综上，讨论学术论文文献的类型很有必要，下面将具体介绍学术论文文献的常见类型以及示例。

（一）按文献内容划分

1. 研究型文献

研究型文献主要是指对基础性或应用性研究成果进行科学阐述、分析、总结并得出创新性结论的写作文体，也称为原创性论文，是学术期刊中主要的论文类型，一般由引言、正文以及结论三个基本部分组成。[②]例如，文献《教育技术学研究的"类融合"现象及其价值探究》就属此类。[③]

2. 综述型文献

综述型文献是对已有的研究进行综合评价或者通过考察当前研究进展来澄清问题的一种文献类型，通过引用某一领域大量的文献参考资料来辨明其中的关系、矛盾、

---

① 李佳悦，邵桂芳. 文献类型对学术期刊影响因子的贡献度评价研究[J]. 中国科技期刊研究，2018，29（12）：1274-1279.

② 朱大明. 参考文献引证在研究型论文中的分布特征[J]. 编辑学报，2008，20（6）：481-482.

③ 兰国帅，李艺，张一春. 教育技术学研究的"类融合"现象及其价值探究[J]. 中国电化教育，2015（2）：7-11.

差距以及不同之处，并提出解决问题的后续步骤。该类型文献主要是从各个角度对某一学科领域某一段时间以来的研究成果进行梳理和归纳，分析该领域的研究现状及未来的发展趋势，其中包含了大量对于该领域内高质量信息源的描述。[①]例如，文献《数字化转型助推欧盟公民终身学习能力框架：要素、实践与思考》就属此类。[②]

3. 方法型文献

方法型文献的侧重点是展示实验方法、测试方法或者流程，通常情况下对结果只进行简短的分析与阐述，其架构和篇幅与研究型文献相似。尽管结果不是这类文献的核心部分，但大部分期刊仍会要求提供与结果相关的数据样本。例如，文献《国外教育技术十大领域与权威人物的知识图谱建构研究——基于 18 种 SSCI 期刊（1960—2016 年）文献的可视化分析》就属此类。[③]

4. 讨论型文献

讨论型文献是在已公布的研究中通过阐述、分析或研究方法展示作者的观点，是基于证据的建设性评论报告。该类文献也允许研究者提出新的假设或对已公布的数据提出新的阐释。例如，文献《一流大学教育基金会发展的中国道路——基于多元治理逻辑的讨论》就属此类。[④]

5. 简报型文献

简报型文献以较短篇幅展现某个课题或研究方向的最新进展，时效性较强，文字风格和文本结构与研究型文献类似。简报型文献常用于学术会议报告上，是会议报告的一种文体形式。例如，文献《烟株根围土壤胶冻样芽孢杆菌的鉴定及其解钾能力研究简报》就属此类。[⑤]

（二）按出版类型划分

1. 期刊文献

期刊是定期出版的刊物，可分为周刊、旬刊、半月刊、月刊、季刊、半年刊、年刊等。期刊文献是一种被普遍认可和使用的参考文献，由依法设立的期刊出版单位出

---

① 代君，李佶壕，秦岩，等. 基于综述型文献的跨学科领域信息源地图绘制[J]. 图书情报知识，2018（6）：61-74.

② 兰国帅，黄春雨，杜水莲，等. 数字化转型助推欧盟公民终身学习能力框架：要素、实践与思考[J]. 开放教育研究，2023，29（3）：47-58.

③ 兰国帅，汪基德，梁林梅. 国外教育技术十大领域与权威人物的知识图谱建构研究——基于 18 种 SSCI 期刊（1960—2016 年）文献的可视化分析[J]. 远程教育杂志，2017，35（2）：74-86.

④ 成梁，王宇明，丁峰，等. 一流大学教育基金会发展的中国道路——基于多元治理逻辑的讨论[J]. 北京师范大学学报（社会科学版），2021（3）：104-112.

⑤ 雷晶晶，高可，康业斌，等. 烟株根围土壤胶冻样芽孢杆菌的鉴定及其解钾能力研究简报[C]//信阳：河南省植物保护学会第十二次、河南省昆虫学会第十一次、河南省植物病理学会第六次会员代表大会暨学术讨论会论文集，2022：69.

版，标识代码为 J。如文献《生成式人工智能教育：关键争议、促进方法与未来议题——UNESCO〈生成式人工智能教育和研究应用指南〉报告要点与思考》就属此类。①

期刊文献通常从三个角度进行分类。第一，按学科分。《中国图书馆分类法·期刊分类表》将期刊分为五个基本部类，分别是马列主义毛泽东思想、哲学、社会科学、自然科学、综合性刊物，在基本部类中，又分为若干大类。②第二，按内容分。期刊文献包括四大类：一是一般期刊，强调知识性与趣味性，读者面较广；二是学术期刊，主要刊载学术论文、研究报告、评论等文章，以专业工作者为主要读者对象；三是行业期刊，主要报道各行各业的产品、市场行情、经营管理进展与动态；四是检索期刊，如我国的《全国报刊索引》等就属此类。第三，按学术地位分，期刊文献分为核心期刊和非核心期刊两大类。其中，核心期刊是指在某一学科领域（或若干领域）中最能反映该学科的学术水平、信息量大、利用率高、受到普遍重视的权威性期刊，如南大核心、北大核心等就属此类。

2. 图书文献

图书文献具有四个特点：一是具有明显的独立性，即每一本书通常都有单独的、与众不同的书名，拥有明确的、集中的主题，独立而完整的内容；二是图书内容的结构具有较强的系统性，即图书一般主要针对特定主题，根据特定观点，按照一定的结构体系，系统有序地介绍有关内容；三是图书内容具有相对的稳定性，即图书的内容一般不像报纸、杂志那样强调新闻性和时效性，图书往往侧重于介绍比较成熟、可靠、在一定时间内相对稳定的观点；四是图书出版的时间具有较强的机动性，即图书的出版周期一般比较长，通常根据事先制定的年度出版计划和长期出版规划来安排出版时间，与期刊按月或按季度定期出版的形式不一样。图书文献的标识代码为 M，如文献《"互联网+"背景下信息化教学资源共建共享与服务》就属此类。③

3. 学位论文

学位论文是研究者为获得某学位而撰写的研究报告或科学论文，是重要的文献情报源之一。一般分为学士论文、硕士论文、博士论文三个级别。学位论文代表了不同的学识水平，具有较高的学术研究价值和实用价值，是人们借以了解当代最新学术动态、掌握科技信息、研究学科前沿问题的有效途径之一。按照研究方法不同，学位论文分为理论型、实验型、描述型三类。理论型论文运用的研究方法是理论证明、理论分析、数学推理，通过这些研究方法获得科研成果；实验型论文运用实验方法，进行实验研究以获得科研成果；描述型论文运用描述、比较、说明等方法，对新发现的事

---

① 兰国帅，杜水莲，宋帆，等. 生成式人工智能教育：关键争议、促进方法与未来议题——UNESCO《生成式人工智能教育和研究应用指南》报告要点与思考[J]. 开放教育研究，2023，29（6）：15-26.

② 国家图书馆《中国图书馆分类法》编辑委员会. 中国图书馆分类法·期刊分类表[M]. 3 版. 北京：国家图书馆出版社，2012.

③ 兰国帅. "互联网+"背景下信息化教学资源共建共享与服务[M]. 北京：科学出版社，2019.

物或现象进行研究来获得科研成果。按照研究领域不同，学位论文又可分为人文科学学术论文、自然科学学术论文与工程技术学术论文三大类，这三类论文的文本结构具有共性，而且均具有长期使用和参考的价值。学位论文的标识代码为 D，如文献《基于知识图谱的国际教育技术发展研究》就属此类。[①]

4. 报纸文献

报纸文献是出版周期最短的定期连续出版物，分为综合性报纸和专业报纸。其特点是内容新、涉及面广、读者对象多，属于影响面比较广的文献信息源。[②]报纸文献的标识代码为 N，如文献《青岛市档案馆加快馆藏报纸文献信息化建设步伐》就属此类。[③]报纸文献主要有以下特征：第一，及时性，这是报纸区别于书刊的最主要特征，又称新闻性和时效性，体现为国内外政治、经济、社会热点话题等在当天或次日的报纸上就能呈现；第二，丰富性，它能及时反映社会、经济等活动的瞬息万变，并按轻重缓急迅速公布于众；第三，报纸能体现信息传播的连续性和完整性，即对事物从发展到结果都可以作跟踪报道。人们从报纸上可以得知即将发生的事（预测）、正在发生的事（报道）、后续事件的反馈（综述），以及发生的事意味着什么（分析、评论）等。报纸不仅可以发布消息，还可通过分析性文章对复杂的市场现象进行阐述，从历史渊源、因果关系、矛盾演变、影响作用、发展趋势来启发思维、拓宽思路，不仅追寻"是什么"，还能回答"为什么"，减少人们在接受信息过程中的不确定性。

5. 电子公告

电子公告就是通过网站、论坛等搜集到的信息，标识代码为 EB，如文献《河南省教育厅办公室关于印发〈2023 年教育信息化和网络安全工作要点〉的通知》就属此类。[④]

6. 会议集文献

会议集文献指各国或国际学术组织召开学术会议，与会研究者在会议上发表的论文或所作学术报告的集合。会议集文献随着学术会议的召开而产生，一般没有固定的出版形式，通常分为会前出版物和会后出版物两种：会前出版物主要包括会议内容、日程、预告、论文摘要和论文预印本等；会后出版物主要是论文集，还包括其他有关会议经过的报告、消息报道等。学术会议是学术交流的重要渠道。会议文献在一定程度上反映了国际上或某个国家某些专业研究的水平动向，属一次文献，是重要的文献

---

① 兰国帅. 基于知识图谱的国际教育技术发展研究[D]. 南京师范大学，2016.
② 于翠玲. 报纸媒介的历史文献价值及解读思路——兼论大学生的媒介文化素养[J]. 浙江传媒学院学报，2016，23（2）：49-53.
③ 崔玉，华江蕾. 青岛市档案馆加快馆藏报纸文献信息化建设步伐[N]. 中国档案报，2005-12-01（2）.
④ 河南省教育厅办公室关于印发《2023 年教育信息化和网络安全工作要点》的通知[EB/OL]. （2023-03-07）. https://jyt.henan.gov.cn/2023/03-07/2702447.html.

信息源之一。会议文献的特点是传递学术动态及时、内容新颖、专业性强、种类繁多、出版形式多样。它是科技文献的重要组成部分，一般质量较高，能及时反映科学技术中的新发现、新成果、新成就以及学科发展趋向。会议集文献的标识代码为 C，如文献《信息技术与信息服务国际研讨会论文集》就属此类。①

7. 会议论文

会议论文（会议析出文献）是在会议等正式场合宣读首次发表的论文。会议论文属于会议集文献中会后出版物的一种，是会议集文献的主要组成部分。会议论文是公开宣读的论文，一般正式的学术交流会议都会出版会议论文集。会议论文集是学术会议的衍生出版物，通常是会议结束后一定时间内出版的论文合集，如果会议本身被一些知名数据库检索收录，那么该会议的论文集也会被该数据库收录。会议论文的标识代码为 C，如文献《混合式教学的课程教学设计与实践——以〈大学物理〉MOOC 课程建设为例》就属此类。

8. 数据库文献

数据库文献是指以计算机可读形式存储的、有组织的相关文献信息的集合。在文献数据库中，文字用二进制编码的方式表示，按一定的数据结构，有组织地存储在计算机中，从而使计算机能够识别和处理。数据库文献是当前遍布世界的通信网络进行联机信息检索的最早的和主要的处理与检索对象，标识代码为 DB，如文献《中国大学学报论文文摘（1983—1993）》就属此类。②

数据库文献按照所记录的文献内容文字来区分，分为文摘数据库、索引数据库、书目数据库和全文数据库四类。③文摘数据库是以期刊论文为主的附有文摘的二次文献数据库。列入数据库指南中的文献数据库大多数是文摘数据库。索引数据库是文献管理者通过各种索引方法检索制作的二次文献数据库，又称题录数据库或篇名数据库，其中引文数据库是索引数据库的一种特殊形式，它是在文献正文与引文之间建立起索引关系的数据库，在查找文献和分析评价科学活动中具有特殊作用。建立书目数据库是实现图书馆自动化的主要途径，也是开发利用图书馆信息资源的基础工作。全文数据库是存储一定数量的文献全文或其中主要部分的一次文献数据库，相比二次文献数据库，其检索方法更加全面，传递的信息也更完整。

9. 科技报告

科技报告又称研究报告、报告文献，是记录某一科研项目调查、实验、研究成果或进展情况的报告。科研人员按照有关规定和格式撰写要求，以积累、传播和交流为

---

① 辛希孟. 信息技术与信息服务国际研讨会论文集：A 集[C]. 北京：中国社会科学出版社，1994：87-123.

② 万锦坤. 中国大学学报论文文摘（1983—1993）[DB/CD]. 英文版. 北京：中国大百科全书出版社，1996.

③ 陆长旭. 中国文献数据库建设的成就[J]. 图书情报工作，1996（2）：15-17，35.

目的，能完整而真实地反映其所从事科研活动的成果的文献形式。[1]每份报告自成一册，通常载有主持单位、报告撰写者、密级、报告号、研究项目号和合同号等信息。按科技报告反映的研究阶段，可分为两大类：一类是研究过程中的报告，包括现状报告、预备报告、中间报告、进展报告等；另一类是研究工作结束时的报告，包括总结报告、终结报告、实验结果报告、竣工报告、公开报告等。按报告的文献形式可分为报告书、札记、论文、备忘录、通报、技术译文等。按报告的使用范围可划分为绝密报告、机密报告、秘密报告、非密限制发行报告、非密报告、解密报告等。科技报告大多与政府的研究活动、国防及尖端科技领域有关，具有发表及时、课题专深、内容新颖成熟、数据完整等特点，且注重报道最新的科研成果，标识代码为 R，如文献《密相气力输送技术》即属此类。[2]

10. 标准文献

标准文献是指按照技术标准、管理标准、经济标准及其他具有标准性质的类似文件的要求所形成的一种文献形式。狭义指按规定程序制订，经公认权威机构批准的一整套在特定范围内必须执行的规格、规则、技术要求等规范性文献，简称标准。广义指与标准化工作有关的一切文献，包括标准形成过程中的各种档案、宣传推广标准的手册及其他出版物、揭示报道标准文献信息的目录和索引等。标准文献的标识代码为 S，如文献《信息与文献 参考文献著录规则》即属此类。[3]

11. 档案文献

目前学术界对于"档案"尚未形成统一定义。档案一般是指人们在各项社会活动中形成的各种形式的具有保存价值的原始记录。在实际出版的档案文献中，按照内容划分，可以分为文书档案、科技档案、专门档案；按照时间划分，可以分为历史档案、现行档案；按照媒介划分，可以分为文字材料档案、数字材料档案、图形档案、图片档案、音像材料档案等。[4]

在实际出版的档案文献中，打破上述区分界限的档案文献出版物已经存在并且发展迅猛，这类档案文献出版物被称为混合性档案文献，是将某一领域权威性文献、稳定成熟的专业知识、常用的基本数据和其他信息汇集于一册所呈现的文献形式。混合性档案文献绝不是一次、二次、三次档案文献的简单叠加，它在功能上具有特殊的优势，更可能满足人们全面、综合、便捷地获得多层次、多角度、多类型档案信息的需求，便于与信息社会多媒体传播技术接轨。档案文献的标识代码为 A，如文献《中国

① 熊三炉. 关于构建我国科技报告体系的探讨[J]. 情报科学，2008，26（1）：150-155.
② 中国机械工程学会. 密相气力输送技术[R]. 北京：中国机械工程学会，1996.
③ 中华人民共和国国家质量监督检验检疫总局，中国国家标准化管理委员会. 信息与文献 参考文献著录规则[S].（2020-05-23）. https://wjk.usst.edu.cn/2020/0523/c10336a220878/page.htm.
④ 彭忠成. 浅论混合性档案文献的类型[J]. 黑龙江科技信息，2013（11）：159.

明朝档案总汇》即属此类。[①]

二、学术文献检索的四种渠道

文献检索是根据学习和工作需要获取文献的过程。随着现代网络技术的发展，文献检索更多是通过计算机技术来完成。文献检索是科研的基本功，阅读文献是科研人员获取科研信息的重要途径。评价文献检索质量的两个重要指标分别是查全率和查准率。传统文献检索是一件烦琐和复杂的事情，但在资源电子化时代，人们可以很方便地从数据库中检索文献。以下介绍一些常用的文献检索渠道，主要分为中文全文数据库、中文索引数据库、英文全文数据库、英文索引数据库（图1-1-1）。

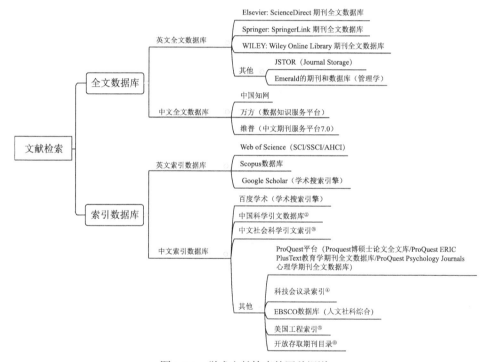

图 1-1-1　学术文献检索的四种渠道

① 中国第一历史档案馆，辽宁省档案馆. 中国明朝档案总汇[A]. 桂林：广西师范大学出版社，2001.
② 中国科学引文数据库（Chinese Science Citation Database，CSCD）。
③ 中文社会科学引文索引（Chinese Social Sciences Citation Index，CSSCI）。
④ 科技会议录索引（Index to Scientific &Technical Proceedings，ISTP）。
⑤ 工程索引（The Engineering Index，EI）。
⑥ 开放存取期刊目录（Directory of Open Access Journals，DOAJ）。

（一）中文全文数据库

1. 中国知网

中国知网（https://www.cnki.net/）是中国核工业集团资本控股有限公司控股的同方股份有限公司旗下的学术平台。中国知网提供外文类、工业类、农业类、医药卫生类、经济类和教育类多种数据库。其中，综合性数据库为中国期刊全文数据库、中国博士学位论文数据库、中国优秀硕士学位论文全文数据库、中国重要报纸全文数据库和中国重要会议论文全文数据库。总库文献检索是我们最常用的检索方式，这里主要介绍总库检索中的五种方式：

第一，一框式检索。登录中国知网首页，在页面上方的检索框直接输入检索词，设置检索字段，单击右侧的检索图标即可进行文献检索。默认的是文献检索状态，也可以将检索状态切换为知识元检索或者引文检索，单击搜索框下方的复选框可以设置检索文献类型。操作步骤：输入检索词→设置检索字段→单击"检索"按钮→切换为知识元检索或引文检索。

第二，高级检索。单击检索框右侧的"高级检索"按钮，进入高级检索页面。在高级检索页面，可以通过对文献的主题、作者、文献来源的设置以精确查找或模糊查找的方式来限定检索范围。同时可以运用逻辑运算符设置检索词之间的逻辑关系，对多个检索词进行检索，还可以通过检索框下拉选项选择符合需求的检索结果，比如限制时间范围、期刊来源范围等。例如，在主题框内输入"教育数字化转型"，作者框内输入"兰国帅"并设为精确查找，两者的逻辑关系设为"AND"，期刊来源类别勾选"北大核心"和"CSSCI"，就能检索出兰国帅老师发表的主题为"教育数字化转型"的核心期刊文献。操作步骤：输入检索词→设置逻辑关系→根据需要勾选选项（图1-1-2）。

图 1-1-2　中国知网高级检索方式

第三，专业检索。在高级检索状态下单击页面上方的专业检索，进入专业检索页面。在系统自动识别弹出的下拉列表里选择字段或检索符，空格可弹出检索字段，在检索框内直接输入检索词。检索项输入要求包括题名"TI"，主题"SU"；检索项和检索词之间用"="（精确匹配）"%"（模糊匹配）；检索项之间用"AND""OR""NOT"；检索词之间用"*""+""-"（并且、或者、不包含）；符号用英文半角字符等。操作步骤：空格弹出检索字段→输入检索词→根据需要勾选选项。

第四，作者发文检索。高级检索状态下，单击"作者发文检索"标签。该功能支持通过作者姓名、单位等信息查找作者发表文献及被引和下载情况。操作步骤：输入作者姓名或单位→设置检索字段→设置时间范围。

第五，句子检索。高级检索状态下单击"句子检索"标签，进入句子检索页面。每行输入两个检索词，可以查找包含两个词的句子或段落。操作步骤：输入检索词→设置检索字段→设置时间范围。

2. 万方数据

万方数据知识服务平台（https://g.wanfangdata.com.cn/）涵盖学术期刊、学位论文、会议论文、科技报告、专利、标准、科技成果、法律法规、地方志、视频等十余种知识资源类型，覆盖自然科学、工程技术、医药卫生、农业科学、哲学政法、社会科学、科教文艺等多个学科领域。以下介绍万方数据常用的五种检索方式：

第一，统一检索。用户可在统一检索框单击检索字段（题名、关键词、摘要、作者和作者单位等），输入检索词，进行限定检索，也可以直接输入检索表达式进行检索。除了限定检索，统一检索还包括模糊检索、精确检索。直接输入检索词为模糊检索，如高等教育；用双引号来限定检索词为精确检索，如"高等教育"。操作步骤：选择检索字段→输入检索词→单击"检索"按钮。

第二，分类检索。分类检索适用于检索某一类别的文献（学术期刊、学位论文、会议论文、专利、科技报告、地方志等）。操作步骤：选择文献类型→输入检索词→单击"检索"按钮。

第三，高级检索。高级检索支持多个检索类型、多个检索字段和条件之间的逻辑组配检索，方便用户构建复杂检索表达式。在高级检索界面，可以根据需要，选择检索的资源类型，通过添加或者减少检索条件，通过"与"或"非"限定检索条件，可以选择文献的其他字段（如作者、作者单位等）检索，还可以限定文献的发表时间和万方数据文献的更新时间，同时高级检索也提供了精确和模糊的选项，满足用户查准和查全的需求。操作步骤：选择文献类型→输入检索字段→确定采用模糊搜索还是精确搜索→确定采用中英文扩展还是主题词扩展→限定检索时间→单击"检索"按钮（图 1-1-3）。

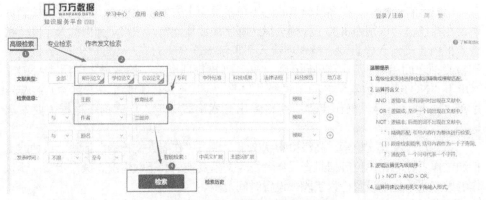

图 1-1-3　万方数据高级检索方式

第四，专业检索。在高级检索状态下单击页面上方的专业检索，进入专业检索页面。需要用户自己输入检索式来检索，并且确保所输入的检索表达式语法正确。比如，题名：（教育技术）"or"摘要：（教育技术）"and"作者：（兰国帅）可以检索到题名或摘要中包含"教育技术"且作者为"兰国帅"的文献。此外，还可以对文献类型和发表时间进行限定。操作步骤：选择文献类型→选择检索字段→选择逻辑关系→选择其他检索字段→限定时间→确定采用中英文扩展还是主题词扩展→单击"检索"按钮（可根据检索需要，进行灵活组合）。

第五，跨语言检索。万方数据创新提供了跨语言检索，即用户输入任一语言的检索词，系统都会进行多语种检索。目前，平台系统包括中文、英文、日文等语种的文献，用户可以对这些语种的文献进行统一检索。操作步骤：输入检索词→单击"检索"→选择语种。

3. 维普资讯

维普（http://qikan.cqvip.com/）主要分为 8 个专辑（即社会科学、自然科学、工程技术、农业科学、医药卫生、经济管理、教育科学和图书情报）36 个专题，基本覆盖了国内公开出版的学术期刊，还收录了我国港台地区的学术期刊。下文主要介绍维普数据库的三种检索方式：

第一，一框式检索。登录维普首页，在页面的检索框直接输入检索词、设置检索字段，单击右侧检索图标即可进行文献检索。操作步骤：输入检索词→设置检索字段→单击"检索"。

第二，高级检索。高级检索可以通过"与"或"非"这些逻辑关联词连接多个检索条件，实现较为复杂的检索策略。同时也能设置时间限定、期刊范围、学科限定等来进一步筛选文献。操作步骤：输入检索词→设置逻辑关系→根据需要勾选条件（图 1-1-4）。

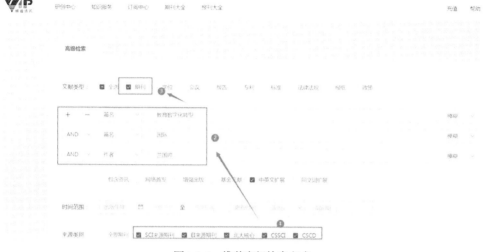

图 1-1-4　维普高级检索方式

第三，检索式检索。在高级检索状态下，单击页面上方的检索式检索，进入检索式检索页面，在检索框内可以直接输入检索式，实现复杂的检索策略。其中，逻辑运算符"AND""OR""NOT"可兼容大小写，但所有运算符号必须在英文半角状态下输入，前后须空一格。例如，K = 教育技术 AND A = 兰国帅，此检索式表示查找关键词为"教育技术"并且作者为"兰国帅"的文章。操作步骤：输入检索式→根据需要勾选条件。

（二）中文索引数据库

1. 百度学术

百度学术（https://xueshu.baidu.com/）是提供海量中英文文献检索的学术资源搜索平台，涵盖了各类学术期刊、学位、会议论文。百度学术搜索主要有两种检索方式：

第一，简单检索。打开百度学术主页，输入你要查找的关键词，可以直接阅读检索到的文章。操作步骤：搜索"百度学术"网站→输入检索词→单击右侧"百度一下"→查看文献。查到文献之后，单击左侧字段设置（时间、领域、核心、获取方式、关键词、类型、作者和期刊），可以定向选择，设置免费查看和登录查看，以及核心期刊等。

第二，高级检索。登录百度学术官网，进入高级检索界面，可以设置多个检索词，如对检索词的出现位置、作者、机构、出版物、发表时间、语言等进行设置，以提高查准率。操作步骤：进入"百度学术"首页→单击"高级检索"→设置检索词段→查看检索结果（图 1-1-5）。

图 1-1-5　高级检索

2. 中文社会科学引文索引

中文社会科学引文索引数据库（http://cssci.nju.edu.cn/）由南京大学中国社会科学研究评价中心开发研制，收录包括教育学、法学、管理学、经济学、历史学、政治学等在内的 25 大类的 500 多种学术期刊。这里主要介绍高级检索中的来源文献检索和被引文献检索。

第一，来源文献检索。登录中文社会科学引文索引首页，单击右侧高级检索，选择来源文献检索。设置多个检索词，通过逻辑组配关系"与""或"设置检索词之间的逻辑关系，运用检索框下方选项，如发文年代、文献类型、学科类别、基金类别等可进一步筛选文献。操作步骤：来源文献检索→输入检索词→设置检索字段→设置逻辑关系→根据需要勾选选项（图 1-1-6）。

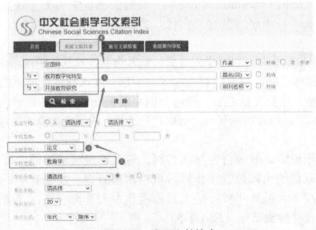

图 1-1-6　来源文献检索

第二，被引文献检索。在高级检索页面，选择被引文献检索，在被引文献作者、被引文献篇名（词）、被引文献期刊、被引文献年代、被引文献类型和被引文献细节字段中检索所选用来源期刊的被引用情况，也可以设置检索词之间的逻辑关系、被引文献类型。通过对被引文献的检索，可了解文献的影响力和文献质量。操作步骤：被引文献检索→输入检索词→根据需要勾选选项。

3. 中国科学引文数据库

中国科学引文数据库（http://sciencechina.cn/）创建于 1989 年，收录我国数学、物理、化学、天文学、地学、生物学、农林科学、医药卫生、工程技术和环境科学等领域出版的中英文科技核心期刊和优秀期刊千余种。这里主要介绍来源文献检索、引文检索以及来源刊检索。

第一，来源文献检索。来源文献检索指以文章来源文献的作者、第一作者、题名、刊名、ISSN、文摘、机构、关键词、基金名称为检索词来查找文献的检索方法。操作步骤：选择来源检索→在检索字段下拉框中选择"作者"等检索字段→设置限定条件，单击"检索"。

第二，引文检索。引文检索指以参考文献的被引作者、被引第一作者、被引来源、被引机构、被引实验室、被引文献主编为检索词来查找文献的检索方法。操作步骤：选择"简单检索"→选择"引文检索"→在检索字段下拉框中选择"被引作者"等检索字段→设置限定条件，单击"检索"

第三，来源刊检索。来源刊浏览主要是提供中国科学引文数据库来源期刊浏览，页面提供期刊名首字母的选择和期刊名称、ISSN 的检索。操作步骤：在检索下拉框中选择检索字段→在文本框中输入检索词，单击"检索"。

（三）英文全文数据库

1. ScienceDirect

ScienceDirect 全文数据库（https://www.sciencedirect.com）涉及众多学科，如计算机科学、工程技术、能源科学、环境科学、材料科学、数学、物理、化学、天文学、医学、社会科学等。下面主要介绍 ScienceDirect 全文数据库的三种检索方式：

第一，基本检索。简单、快速的检索方式。检索的可选项少，输入查询词就能快速得到结果。操作步骤：基本检索框内输入相应检索词→检索。

第二，出版物检索。可以查找特定刊物，并针对刊物进行定题、检索、浏览。操作步骤：在出版物检索页面左边栏进行字段的限定即可在右边筛选出相应的出版物。

第三，高级检索。高级检索可以输入相关学术术语、期刊名或书名、年份、作者名、作者隶属机构、文献所属出版物的册数、期号以及页码信息。打开"Show all fields"可以出现更多搜索条件。网页左边栏的年份、文献类型、出版物标题、主题领域等可以进一步筛选，最后单击"View PDF"即可进入新页面阅读或下载完整文献。操作步骤：输入检索词→在左边栏进一步筛选→查看检索结果（图 1-1-7）。

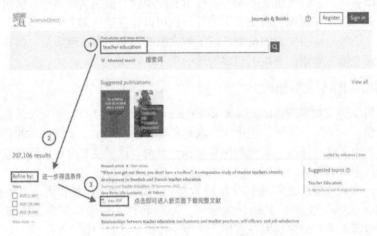

图 1-1-7　ScienceDirect 高级检索方式

2. SpringerLink

SpringerLink（https://link.springer.com）是全球最大的在线科学、技术和医学领域学术资源平台。它提供 2000 余种外文学术期刊全文，涵盖生命科学、化学、地球科学、计算机科学、数学、医学、物理与天文学、工程学、环境科学、经济学和法律等学科，其中 60%以上的期刊论文被 SCI 收录。以下将呈现 SpringerLink 全文数据库的两种检索方式：

第一，基本检索。操作步骤：输入检索内容并单击检索→二次筛选检索文献→查看、下载文献（图 1-1-8）。

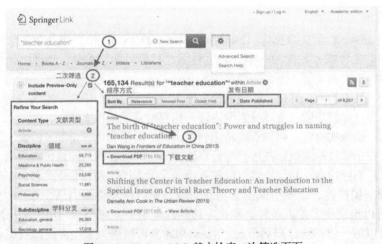

图 1-1-8　SpringerLink 基本检索二次筛选页面

第二，高级检索。SpringerLink 高级检索可以对关键词进行精确搜索，可以指定确切的短语，也可以指定不包含哪些词语以及标题包含的词语等精准信息。

3. Wiley Online Library

Wiley Online Library（https://www.onlinelibrary.wiley.com）包括生命科学、健康科学、理工科学、社会科学和人文科学五个领域有影响力的论文和研究。在线资源包括1600 多种期刊、250 多个参考作品、22 000 多本在线书籍。以下介绍 Wiley Online Library 全文数据库的四种检索方式：

第一，基本检索。操作步骤：输入检索内容，并单击检索→进一步筛选文献→查看文献、下载文献→导出文献引用格式。

第二，高级检索。Wiley Online Library 高级检索首页可以输入标题、作者、关键词、年份、摘要和作者隶属机构。输入搜索字段后跳转至新页面，根据页面右侧的检索提示（Search Tips）筛选文献。操作步骤：输入检索主题→输入检索关键词→添加检索条件→选择检索类型和时间筛选→检索（图 1-1-9）。

图 1-1-9　Wiley Online Library 高级检索方式

第三，引文检索。Wiley Online Library 引文检索可以输入期刊名称、年份、主题、页数、引用。输入相关搜索字段后进行文献筛选与检索。操作步骤：输入检索内容→添加检索条件→检索→对检索文献进行进一步筛选。

第四，页面分析。Wiley Online Library 检索进入下一页面后，可以依据出版物类型、出版时间、科目等条件进一步筛选文献。操作步骤：文献筛选→左边指示框筛选→文献下载→文献导出。

4. ProQuest ERIC PlusText

ProQuest ERIC PlusText 是教育学期刊全文数据库。它的内容涵盖了教育学所有学科，如教育研究、儿童研究、师资教育、教育心理学、教育发展、青少年教育、语言学与英语、教育图情学、教育方法、高等教育、专业教育、社会学、教育技术、职业教育、特殊教育等。以下主要介绍 ProQuest ERIC PlusText 全文数据库的三种检索方式：

第一，基本检索。操作步骤：输入检索内容→检索→对检索文献进行进一步筛选→查看文献、下载文献→导出文献引用格式。

第二，高级检索。使用高级检索可以同时限定多个检索条件。通过限定作者、题名、主题词、全文等检索字段，字段之间使用"AND""OR""NOT"连接；限定文献的搜索范围，如设定来源类型、文档类型、文档特征等条件，使检索得到的文献更精确。操作步骤：输入检索内容→检索→选择文献筛选条件→查看、下载文献→导出文献引用格式（图 1-1-10）。

第三，出版物检索。查找特定刊物，并针对刊物进行定题、检索、浏览。操作步骤：输入出版物名称→限定字段→进一步进行条件选择→检索。

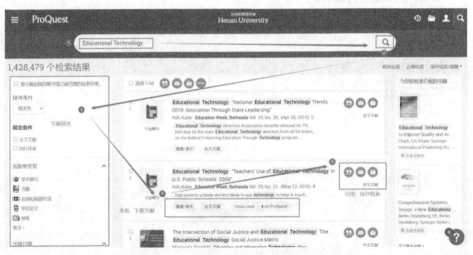

图 1-1-10　ProQuest ERIC PlusText 高级检索结果页面

5. EBSCO

EBSCO（http://search.ebscohost.com/）开发了 100 多个在线文献数据库，涉及自然科学、社会科学、人文和艺术等领域。其中两个最主要的全文数据库是 Academic Search Premier（学术期刊集成全文数据库）和 Business Source Premier（商业资源集成全文数据库），这里主要介绍学术期刊集成全文数据库中的两种检索方式：

第一，基本检索。EBSCO 首页即是基本检索，直接输入关键字，单击右侧的检索图标即可进行文献检索。操作步骤：输入关键字→检索。

第二，高级检索。单击 EBSCO 首页检索框下侧的"高级检索"按钮，即可进入高级检索页面。在高级检索页面，可以同时对多个检索词进行检索，并通过设置不同字段的逻辑关系以及检索框下面的限制条件，如限制结果、检索模式、扩展条件、出版日期等，进一步筛选文献。操作步骤：输入检索词→输入检索字段→选择检索模式和扩展条件→选择限制结果→限定出版日期范围→单击"搜索"按钮（图 1-1-11）。

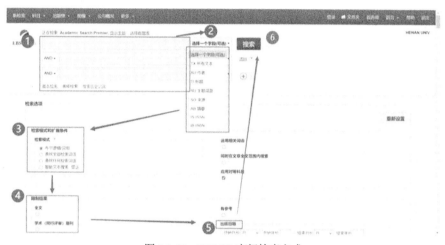

图 1-1-11　EBSCO 高级检索方式

（四）英文索引数据库

1. Web of Science

Web of Science 核心合集（https://webofscience.clarivate.cn/）内容涵盖自然科学、工程技术、生物医学、社会科学、艺术与人文等多个领域。Web of Science 核心合集还收录了论文中所引用的参考文献，通过独特的引文索引，用户可以用一篇文章、一个专利号、一篇会议文献、一本期刊或者一本书作为检索词，检索它们的被引情况，回溯某一研究文献的起源与历史，或追踪其最新进展，可以做到越查越广、越查越新、越查越深。下文介绍 Web of Science 索引数据库的三种检索方式：

第一，基本检索。操作步骤：文献→选择数据库→基本检索框内输入主题→检索（图 1-1-12）。

第二，高级检索。首页检索框下侧即可看到"高级检索"入口。在高级检索页面，可以根据字段，如作者、作者单位等条件检索，还可以限定文献的发表时间，同时高级检索也提供了精确和模糊的选项，以满足用户查准和查全需求。操作步骤：参照检索帮助→依据主题、标题、作者、出版物、出版日期→多字段组配检索。

图 1-1-12 Web of Science 数据基本检索方式

第三，页面分析。以"Teacher education"为主题词进行检索，界面内共出现 213 926 篇文献。如何从众多文献中找出所需文献？可以按标记结果列表进行过滤，依据出版年、文献类型、数据库、研究方向、作者、出版物进行筛选，在进行文献筛选后可以按照相关性以及被引次数进行文章排序，最后单击"分析检索结果"进行初步分析。操作步骤：检索总数→精练结果→文章排列顺序→分析检索结果→导出。

2. Scopus

Scopus（http://www.scopus.com）是全世界最大的摘要和引文数据库，涵盖了 15 000 种科学、技术及医学方面的期刊，收录了 Elsevier、Kluwer 等的著名期刊文献，还广泛收录重要中文期刊。Scopus 不仅为用户提供收录文章的引文信息，还直接从简单明了的界面整合网络和专利检索，直接链接到全文、图书馆资源及其他应用程序（如参考文献管理软件）。下文主要介绍 Scopus 索引数据库的两种检索方式：

第一，作者检索。单击首页的"作者"进行简单检索。操作步骤：单击"作者检索"→输入作者姓氏→输入作者名字→输入归属机构→输入 ORCID（开放研究者与贡献者身份识别码）→检索（图 1-1-13）。

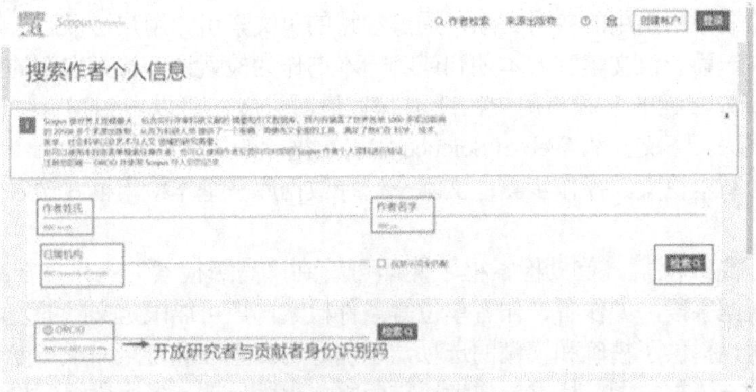

图 1-1-13 Scopus 作者检索

第二，来源出版物检索。这一检索方式能够通过限定学科类别等条件，获得更加精准的检索结果，同时支持检索出版物类型等，以丰富检索结果。操作步骤：来源出版物检索→选择学科类别→添加相关条件→检索→结果筛选→下载文献。

3. Google Scholar

Google Scholar（谷歌学术搜索）是一个免费搜索学术文章的网络搜索引擎，能够帮助用户查找包括期刊论文、学位论文、书籍、预印本、文摘和技术报告在内的学术文献，内容涵盖自然科学、人文科学、社会科学等学科。下文主要介绍 Google Scholar 索引数据库的两种检索方式：

第一，基本检索。操作步骤：输入检索内容→检索→查看检索结果→结果筛选→导出文献。

第二，高级检索。单击页面右侧"Advanced search"即可进行高级检索。高级检索能够进一步筛选检索结果，缩小检索范围。通过对关键词字段的限定，使检索结果更加精确，同时支持检索与该文献相关的其他文献，以丰富检索结果。操作步骤：高级检索→选择条件填入检索内容→选择检索内容所在位置→添加相关条件→检索→结果筛选→导出文献。

三、学术文献整合的三种策略

文献整合是落实每一项研究的重要步骤，面对浩如烟海的文献资料，掌握良好的文献整合策略能够帮助研究者更快、更好、更准地获取真正具有参考性的资料，也为后续研究工作的开展提供帮助。

以下主要详细阐释常用的期刊文献、图书文献、学位论文的整合策略（报纸文献、单篇会议论文、会议集文献、标准文献、电子公告、数据库文献、科技报告和档案文献在此不再介绍），帮助大家了解不同类型文献的整合方式。

（一）期刊文献整合策略

1. 按主题整合

以"教育技术研究"为例，查阅中国知网中与"教育技术研究"相关的文献。选择学术期刊数据库，输入"教育技术研究"主题，将期刊文献界定为"北大核心"与"CSSCI"期刊，勾选"教育技术（808）"作为主要主题（图 1-1-14）。

根据检索结果，可将关于"教育技术研究"的文章依据不同的学科范围划分并整合。例如，将已下载的关于"教育技术研究"的文献按照学科范围分为教育理论与教育管理、计算机软件及计算机应用和高等教育三大类，并将已下载的文献分别整合至不同文件夹（图 1-1-15 和图 1-1-16）。

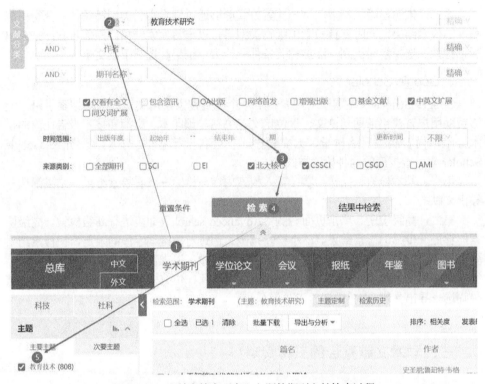

图 1-1-14 "教育技术研究"主题的期刊文献检索过程

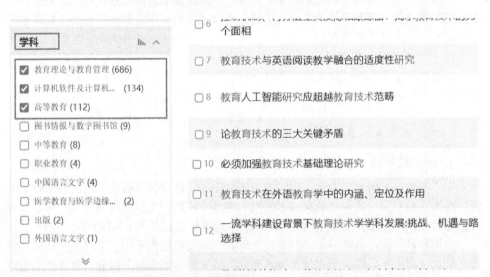

图 1-1-15 教育学科"教育技术研究"主题的期刊文献检索结果

图 1-1-16　教育技术研究期刊文献整合结果

2. 按关键词整合

按照关键词整合文献时，可以基于与主题相关的某篇论文，将选题分解为不同的关键词，根据不同的关键词进行文献检索并分类，最终整合形成以单个或少数几个关键词为核心的文献集合。例如，论文《境外教育技术研究:进展与趋势——教育技术领域 20 种 SSCI 和 A&HCI 期刊的可视化分析》[①]中，提取"教育技术"为关键词进行检索，进而将文献整合至文件夹，最终形成一系列以"教育技术"为关键词的文献。

首先，以"教育技术"为关键词，在中国知网中进行高级检索（图 1-1-17）。

其次，选取典型文献，在文献关键词中选择"教育技术"再次进行检索（图 1-1-18）。在查找过程中可能会发现许多在篇名或主题中并未明确体现检索主题，但内容却与之相关的文献。因此，通过这种检索方式能将要寻找的文献查找齐全，避免疏漏。

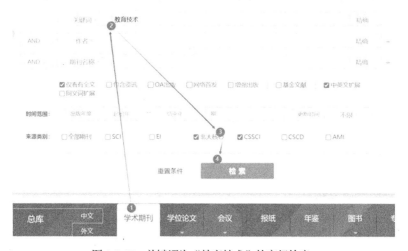

图 1-1-17　关键词为"教育技术"的高级检索

---

① 兰国帅，张一春. 境外教育技术研究:进展与趋势——教育技术领域 20 种 SSCI 和 A&HCI 期刊的可视化分析[J]. 电化教育研究，2015（7）：114-120.

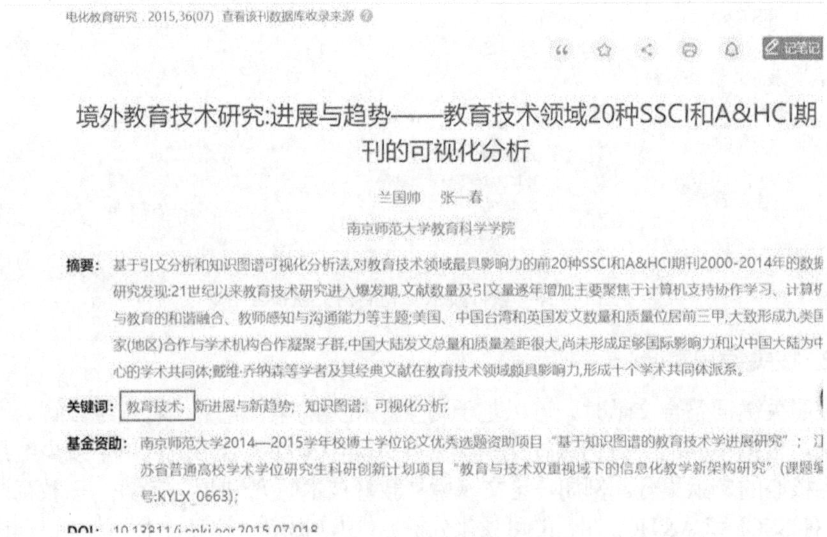

电化教育研究 . 2015,36(07) 查看该刊数据库收录来源 ⑳

境外教育技术研究:进展与趋势——教育技术领域20种SSCI和A&HCI期刊的可视化分析

兰国帅 张一春

南京师范大学教育科学学院

摘要: 基于引文分析和知识图谱可视化分析法,对教育技术领域最具影响力的前20种SSCI和A&HCI期刊2000-2014年的数据研究发现:21世纪以来教育技术研究进入爆发期,文献数量及引文量逐年增加;主要聚焦于计算机支持协作学习、计算机与教育的和谐融合、教师感知与沟通能力等主题;美国、中国台湾和英国发文数量和质量位居前三甲,大致形成九类国家(地区)合作与学术机构合作凝聚子群,中国大陆发文总量和质量差距很大,尚未形成足够国际影响力和以中国大陆为中心的学术共同体;戴维·齐纳青等学者及其经典文献在教育技术领域颇具影响力,形成十个学术共同体派系。

关键词: 教育技术; 新进展与新趋势; 知识图谱; 可视化分析;

基金资助: 南京师范大学2014—2015学年校博士学位论文优秀选题资助项目"基于知识图谱的教育技术学进展研究"; 江苏省普通高校学术学位研究生科研创新计划项目"教育与技术双重视域下的信息化教学新架构研究"(课题编号:KYLX_0663);

DOI: 10.13811/j.cnki.eer.2015.07.018

图 1-1-18 期刊文献中的关键词检索

最后,整合相关文献。单击页面中的"教育技术",可以发现相关文献分为典型文献、关键文献、外文文献及相关文献四种类型(图 1-1-19),将其整合到不同文件夹中,便于后续查找。

图 1-1-19 "教育技术"期刊文献整合

3. 按研究方法整合

研究方法一定程度上可以决定选题的方向。按照研究方法归类整理学术文献,一方面能够使我们更深刻理解不同研究方法的用途,为我们提供足够的信息来判断自己所要做的研究是否有效或重复;另一方面可以帮助我们选择课题研究所需的研究方法。在学术文献整合过程中,可以依据文献的研究方法将所需文献进行整合分类。

例如,《生成式人工智能教育:关键争议、促进方法与未来议题——UNESCO

〈生成式人工智能教育和研究应用指南〉报告要点与思考》①是国际比较研究类论文，《21 世纪以来国际学前教育研究：发展与趋势——学前教育领域四种 SCI 和 SSCI 期刊的知识图谱分析》②是文献综述研究类论文，《教育技术学研究的"类融合"现象及其价值探究》③是思辨研究类论文，《学习存在感与探究社区模型关系研究》④是实证研究类论文。那么在整合文献时，就可以依据篇名、摘要及论文框架确定该文献所采用的研究方法，一般来说，通过篇名就可以大致判断出论文中采用的研究方法。依照研究方法的四大类别，分别建立文件夹，将文献分类整理至对应的文件夹中（图 1-1-20）。最后，将上述每篇文章的研究方法用 Excel 等工具进行整合。需要明确的是，四类研究方法都有具体划分，如实证研究的类型有实验研究、调查研究、个案研究等。因此，可以运用 Excel 等工具整理作者在论文中使用的具体研究方法。

图 1-1-20　研究方法维度划分文件

4. 按发表时间整合

按照文献发表的时间顺序整合文献，有利于读者了解该领域研究的最新热点和发展趋势，对读者的研究有所启发。首先，了解相关领域的总体研究趋势。在中国知网中检索"教育技术研究"，并以发表时间进行排序，在可视化分析里可以看见每年的发表量，大概清楚总体研究趋势（图 1-1-21）。其次，利用多种工具进行文献整合。在阅读文献时要注意收集文献发表时间、作者、主要观点、研究方法等信息，可以采用 Excel、Word、EndNote 等文献整理工具。例如，在 Excel 里面使用筛选排序功能，可以把文献按年份排序，掌握发展趋势，了解研究前沿。

① 兰国帅，杜水莲，宋帆，等. 生成式人工智能教育：关键争议、促进方法与未来议题——UNESCO《生成式人工智能教育和研究应用指南》报告要点与思考[J]. 开放教育研究，2023，29（6）：15-26.

② 兰国帅，程晋宽，虞永平. 21 世纪以来国际学前教育研究：发展与趋势——学前教育领域四种 SCI 和 SSCI 期刊的知识图谱分析[J]. 教育研究，2017，38（4）：125-135.

③ 兰国帅，李艺，张一春. 教育技术学研究的"类融合"现象及其价值探究[J]. 中国电化教育，2015（2）：7-11.

④ 兰国帅，钟秋菊，吕彩杰，等. 学习存在感与探究社区模型关系研究[J]. 开放教育研究，2018，24（5）：92-107.

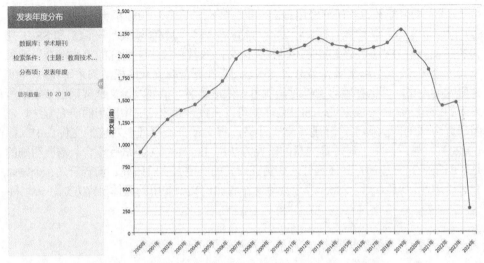

图 1-1-21　教育技术研究的期刊文献发表年度趋势图（截图）

（二）图书文献整合策略

1. 按主题整合

首先，把不同主题的图书文献放在不同的文件夹中，就可以清晰查找所需文献（图 1-1-22）。其次，根据图书的出版年份整合。这种整合方法更适用于同一种类型的图书文献，有助于了解该主题的历史演变情况。

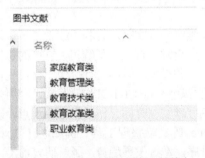

图 1-1-22　不同主题的图书文献整合

2. 按作者整合

图书文献也可以按照作者进行整合。这更适合了解不同作者对研究领域的关注点及成就。在根据作者整合图书时，可以首先将作者区分为"外文书籍作者"和"中文书籍作者"两大类（图 1-1-23）。

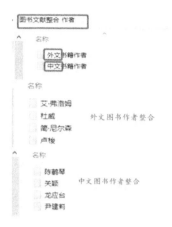

图 1-1-23　不同作者的图书文献整合

（三）学位论文整合策略

1. 按主题整合

以"教育技术"为例，查阅中国知网中与"教育技术"相关的学位论文。为提高检索准确性，可以将"教育技术"作为主要主题进行勾选。为提高检索质量，可以将优秀论文级别界定为"校级优秀论文"（图 1-1-24）。根据检索结果可将关于"教育技术"的文章依据不同的学科范围划分，并将已下载的文献分别整合至不同文件夹。

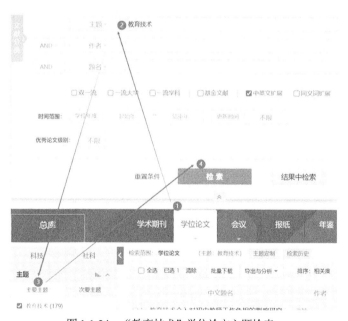

图 1-1-24　"教育技术"学位论文主题检索

2. 按关键词整合

在按照关键词整合学位论文时，可以基于与主题相关的某一论文将选题分解为不同的关键词，再根据不同关键词检索文献并分类整合形成文献集合。比如，在论文《基于知识图谱的国际教育技术发展研究》[1]中，研究者提取"教育技术发展"为关键词进行检索，进而将学位论文整合至文件夹，最终形成一系列以"教育技术发展"为关键词的学位论文。

首先，以"教育技术发展"为关键词，在中国知网中进行高级检索。其次，选取典型学位论文，在关键词中选择"教育技术发展"再次进行检索。由于许多学位论文在篇名或主题中并没有体现"教育技术发展"，但其内容却与"教育技术发展"有关。因此，研究者利用这种检索方式可以将所需文献查找齐全，避免疏漏。最后，整合相关文献，可以将"教育技术发展"相关文献分为四类，即典型文献、关键文献、外文文献、相关文献，并整合到对应文件夹中。

3. 按研究方法整合

研究方法一定程度上可以决定选题的方向。在整合学位论文时，依据论文的研究方法来整合文献资料也是一种高效的文献整合策略。例如，《基于知识图谱的陈述性知识自适应学习系统研究》[2]是"实践研究类型的论文"，《教育技术发展的人文技术哲学思考》[3]是"思辨研究类型的论文"，《基于知识图谱的国际教育技术发展研究》[4]是"实证研究类型的论文"。那么我们在整合学位论文时，就可以依据篇名、摘要及论文框架确定研究方法。一般来说，浏览篇名即可大致确定研究方法，确定后将文献分类整理至对应文件夹中即可。最后，可将各文章研究方法整合至 Excel 表格中。在 Excel 表格中详细整理作者在论文中所使用的具体的研究方法，表格设计方式与内容可以参照期刊论文。

以上便是关于期刊文献、图书文献和学位论文的整合攻略，涉及检索不同类别文献的方法、将不同类别文献条理化分类的方式以及整合不同类别文献的技巧。

第二节 会用文献管理工具：高效管理编辑文献

在学术研究中往往需要查阅大量文献，这时掌握一款高效的文献管理工具就显得尤为重要，因为它可以帮助研究者极大地提高工作效率，为后续研究打下坚实基础。

---

① 兰国帅. 基于知识图谱的国际教育技术发展研究[D]. 南京师范大学, 2016.
② 卢雯雯. 基于知识图谱的陈述性知识自适应学习系统研究[D]. 东北石油大学, 2023.
③ 范良聪. 教育技术发展的人文技术哲学思考[D]. 江西师范大学, 2009.
④ 兰国帅. 基于知识图谱的国际教育技术发展研究[D]. 南京师范大学, 2016.

以下将以三款比较常见的文献管理工具，即 EndNote、NoteExpress 和知网研学为例，为大家详细介绍如何使用这些文献管理工具来高效管理、编辑文献。

一、EndNote 文献管理工具

EndNote 用于管理参考文献数据库，它通过插件在 Word 中插入引用文献，根据文献出现顺序自动编号，并按照指定格式将引用文献附在文章最后，操作十分便捷。EndNote 支持 3776 种国际期刊的参考文献格式，几百种写作模板，涵盖各领域杂志。

（一）EndNote 功能简介

EndNote 有着强大的文献管理功能。它支持创建 EndNote 个人参考文献图书馆，用于收集、储存个人所需文献，包括文本、图像、表格和方程式；它也可以按投稿期刊要求的格式自动调整引文的格式[①]；它还可以在线检索，并将检索结果存入本地计算机中，同时可以对本地文献进行二次检索、重新排列，形成新的文献库。

（二）EndNote 操作步骤

1. 导入研究文献

首先，创建数据库。打开 EndNote 程序，单击 "File" 中的 "New"，创建一个新的 EndNote 图书馆，命名文件，保存文件在选定文件夹中。系统自动生成扩展名为.enl 的文件，即 EndNote 个人参考文献图书馆。如图 1-2-1 所示，①为菜单栏，②为分组选择和文献信息区，③为全文文献、摘要部分和附加文件显示区。

其次，导入中文 PDF 文献。创建数据库后，导入文献。可以提前下载好中文 PDF 文件。以《校本教研参与对教师实践性知识的影响——组织支持感的中介作用及教师自我效能感的调节作用》为例，首先单击 "File"，选择 "Import"，在出现的弹窗第一行单击 "choose"，选择示例文章。接着在第二行 Import Option 一栏中将 EndNote Library 改为 PDF 格式，最后单击 "Import"。成功导入后，EndNote 可以快速提取文章内容，并将其一一对应进行排版。

最后，导入英文 PDF 文献。EndNote 英文文献导入步骤与中文文献导入步骤相同，此处不再赘述。但在导入中英文文献过程中，可能会出现部分文献无法识别的问题，这需要我们手动添加信息。

---

① 张兆伦. 三个参考文献管理软件的比较应用研究——EndNote，Reference Manager 与 ProCite[J]. 图书情报工作，2007，51（11）：121-123.

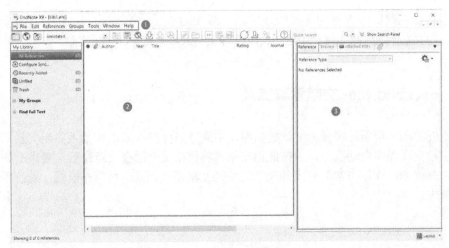

图 1-2-1　新建页面示意图

中文文献补充的具体步骤：第一，在"中国知网"平台中选中"已选"文章，单击"导出题录"；第二，在左侧"文献导出格式"中选择"EndNote"下载；第三，下载完成后打开 EndNote 软件，单击"File"，选择"Import"，在出现的弹窗第一行"choose"里面选择刚刚下载的 EndNote 文件，在第二行"Import Option"中选择"EndNote Import"，最后单击"Import"，即可成功导入中文文献。

英文文献补充的具体步骤：第一，在"中国知网"平台中复制导入的英文文章题目，找到该文章后复制其 DOI 号（也可在百度学术、谷粉学术等平台查找）；第二，单击左侧文献信息区旁边的回形针符号，右边全文文献、摘要部分和附加文件显示区会出现该文献的相应信息，找到并输入 DOI 号，补充文献信息，最终导入成功（图 1-2-2）。

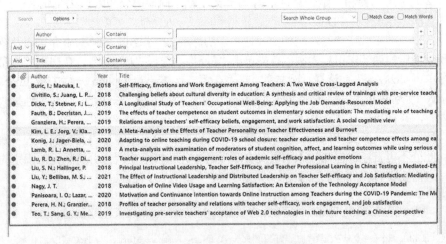

图 1-2-2　EndNote 导入文献后示意图

EndNote 还支持数据库导入。开展研究需要研究者阅读、整理大量文献，在这种情况下，数据库导入更加高效。中文数据库导入，以中国知网为例。将文献从知网中导出：第一，打开中国知网，选择"高级检索"，以"教师自我效能感"为主题，选择 CSSCI、CSCD 和北大核心的学术期刊；第二，勾选所需要文章；第三，单击"导出与分析"中的"导出文献"；第四，选择"EndNote"格式；第五，页面跳转后在新的页面上单击"导出"，生成文件"CNKI-20221204160038090"，为后续操作便利，可将文件重命名为"教师自我效能感"。

将文件导入 EndNote 中，与上述 PDF 导入操作类似。在 EndNote 软件页面单击"File"，选择"Import"，再选择"File…"选项，在弹出的窗口中选择文件"教师自我效能感"，唯一不同在于"Import Option"一栏的选择变为"EndNote Import"，随后单击窗口底端"Import"选项即可导入成功。

英文数据库的导入有两种方法：

方法一是在 EndNote 软件内直接搜索。以 Web of Science 为例，具体步骤见图 1-2-3。第一，单击"ONLINE SEARCH"。第二，选择 Web of Science 数据库。第三，在搜索页面输入条件。比如，以"Self-efficacy sense of teachers"（教师自我效能感）为主题，文献时间限制在"2010—2022"，可获得 25 篇文献。第四，勾选所需文献。第五，右击在弹窗上选择"Add References To"，选择已经建立的分组"教师自我效能感"，并将所选文献保存在该分组中。

方法二是从网页数据库导入，与中文数据库导入操作类似，不同数据库可能会有细小差异。以 Web of Science 数据库为例，首先从数据库导出文献，如图 1-2-4 所示：打开 Web of Science，以"Self-efficacy sense of teachers"为主题进行检索，选择

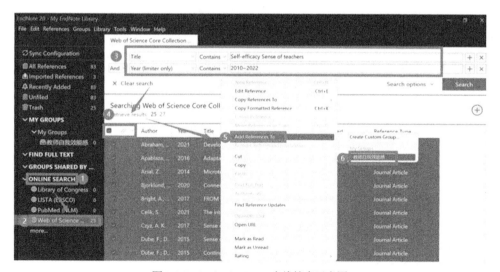

图 1-2-3　Web of Science 在线搜索示意图

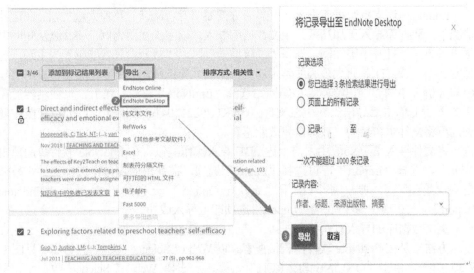

图 1-2-4　Web of Science 导出文献示意图

"Teaching and Teacher Education"等质量较高的期刊，勾选所需文章，单击"导出"，选择"EndNote Desktop"，在弹出的窗口中选择导出，即可获得文件，双击打开文件即可将文献导入 EndNote。也可按照上文提到的步骤，只需将"Import Option"一栏的选择改为 ISI-CE 即可。

除中国知网和 Web of Science 外，将其他数据库文献通过网页导入 EndNote 的差异在于"Import Option"一栏的选择。万方、维普选择"EndNote Import"，PubMed、ProQuest、ScienceDirect 等数据库选择"Reference Manager(RIS)"。

2. 管理研究文献

随着文献数量的增多，如果不整理分类，撰写论文时，面对庞大的文献数据库，查找文献会十分麻烦。EndNote 最主要的功能就是整理文献。以下将以"教师自我效能感"为主题，对 EndNote 软件的"分组""去重""排序""查找全文""笔记"功能进行介绍，以帮助大家高效运用 EndNote 软件进行文献管理。

创建分组：根据研究需要，对搜集到的论文进行分组处理。利用 EndNote 软件的分组功能，将不同文献根据研究方向、研究方法或其他标准分类，比如，对搜集到的文献资料（主题：教师自我效能感）进行初次分类，分为"中文文献"和"英文文献"。再进行二级分类（EndNote 软件分组只能进行到二级分类）。按照教师所教学段进行分类，分为"小学教师"和"中学教师"。

具体步骤如下：

首先，创建两个分组。打开 EndNote，右击左侧菜单栏中的"My Groups"，选择"Create Group Set"，得到一个新的分组"New Group Set"（图 1-2-5）。

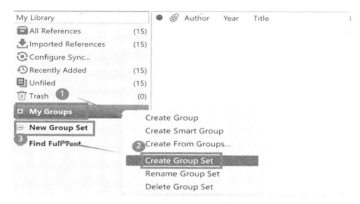

图 1-2-5　创建分组过程图

其次，对两个分组进行命名。选中"My Groups"，右击选择"Rename Group Set"（重命名该文件），将其命名为"中文文献"。重复上述操作，将"New Group Set"命名为"外文文献"。

最后，进行二级分类。右击"中文文献"，选择"Create Group"，得到"New Group"，右键单击"New Group"，选择"Rename Group"（重命名分组），将其命名为"小学教师"。重复上述操作，得到分组"中学教师"。

文献去重：通过不同渠道搜集的文献可能会重复，EndNote 可以对从不同数据库导入的文献进行"查重"，将重复的文献删除。具体步骤如下：首先，在 EndNote 软件界面上方的工具栏中找到"References"，右击选择"Find Duplicates"，在弹出的界面右上角选择"cancel"，即可得到重复论文。其次，任意选中一篇重复论文，右击，选择"Move References to Trash"，得出论文清单。

文献排序：浏览文献较多时，可根据需要对文献的重要程度进行排序，方便撰写文章时引用。具体操作如下：单击论文列表中的"Rating"，任选一篇论文，单击"Rating"列中白色圆点，按照文献重要程度进行划分，单击"Rating"，对文献重要程度进行排序。

查找文献全文：将数据库中下载的文献资源导入 EndNote 中，需要查找文献全文时，有以下四种方法："Web of Science Core Collection""其他全文数据库网站""文献的 DOI 号""可开放获取的 URL 网址"。具体操作如图 1-2-6 所示：选中要查找全文的文献，右击"Find Full Text..."，在左侧工具栏可以看到三种检索结果：

图 1-2-6　查找文献全文主界面

第一种："Find PDF"表明检索到文献全文 PDF 文件。操作：选中要查看的文献，单击右侧工具栏的 PDF 文件即可。

第二种："Find URL"表明未检索到文献全文 PDF 文件，但检索到可开放获取文献 PDF 文件的 URL 网址，需要手动下载并链接到相应题录。操作：选择要查找的文献，单击右侧"Reference"，再单击"URL"链接，通过"URL"链接找到 PDF 文献原文并下载，再单击回形针标志将 PDF 文献原文插入即可。

第三种："Not Found"表明二者皆未检索到，需要在右侧工具栏的"Reference"中找到文献的"DOI"号，再手动下载并链接到相应题录。操作：选择要查找的文献，单击右侧"Reference"，复制"DOI"号，在其他文献数据库中通过"DOI"号找到 PDF 文献原文并下载，再单击回形针标志将 PDF 文献原文插入即可。

添加文献笔记：阅读文献时，为了加强阅读效果，需要做一些笔记，EndNote 文献管理工具可以对笔记进行整理，EndNote 界面中可以直接查看和记录文献笔记。

3. 引用研究文献

EndNote 的文献引用功能在论文写作中较为常见。以《校本教研参与对教师实践性知识的影响——组织支持感的中介作用及教师自我效能感的调节作用》[①]等三篇中文文献和 *Self-Efficacy，Emotions and Work Engagement Among Teachers: A Two Wave Cross-Lagged Analysis*[②]等三篇英文文献为例，按照插入参考文献的一般流程来介绍如何在论文中插入正确的中英文文献并调整格式。

第一，设置国标的参考文献格式。中文论文的参考文献要遵循《信息与文献 参考文献著录规则》（GB/T 7714-2015）规定的格式，EndNote 里该格式是 Chinese Std GBT7714(numeric)，但 EndNote 默认输出样式里没有该格式，需要在 EndNote 官网下载并添加。

具体步骤：首先，打开 EndNote，点开工具栏的"Tools"，单击"Output Styles"中的"Open Style Manager"，在弹出窗口单击"Get More on the Web"，跳转到 EndNote 官网（其他方法：单击"Help"中的"EndNote Output Styles"，跳转到 EndNote 官网，或直接到浏览器搜索 Output Styles）。其次，在 EndNote 官网页面的"Keywords"栏中输入"Chinese standard"进行搜索，选择"Chinese Standard GBT7714(numeric)"后的"Download"进行下载，选择下载到"Styles"文件夹，如图 1-2-7 所示。最后，打开 Word，单击 EndNote 的 Styles，选择 Select Another Style，可看到刚下载的格式，单击"OK"可添加并应用该格式。

第二，选择引用文献及位置插入。设置好国标格式后，就可以插入要引用的文献了。此前已将所需引用文献添加到 EndNote Library，因此只需将 EndNote 中的文献

---

① 刘莉莉，周照林. 校本教研参与对教师实践性知识的影响——组织支持感的中介作用及教师自我效能感的调节作用[J]. 教师教育研究，2022，34（2）：7-14.

② Burić I，Macuka I. Self-efficacy，emotions and work engagement among teachers: A two wave cross-lagged analysis[J]. Journal of Happiness Studies，2018，19（7）：1917-1933.

插入到论文中即可。

具体步骤：首先，打开 EndNote，在"All References"中单击选中所要引用的文献，右击"Copy"，如图 1-2-8 所示。

图 1-2-7　在 EndNote 官网中查找和下载格式

图 1-2-8　在 EndNote 中复制参考文献

其次，复制成功后打开到 Word 页面，将光标放在需要添加引用文献的句子后面，单击 EndNote 选项的"Insert Citation"，接着单击"Insert Selected Citation(s)"，即可插入引用文献，如图 1-2-9 所示。

最后，插入成功后文献自带格式（参考文献自带阴影），单击"Convert Citation and Bibliography"，选中"Convert to Plain Text"可以清除参考文献自带格式，将参考文献改成规范格式，方便后续操作，如图 1-2-10 所示。

图 1-2-9　插入文献的步骤和成功示例

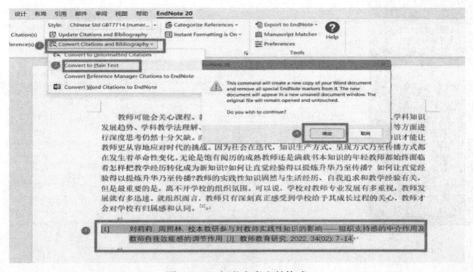

图 1-2-10　规范参考文献格式

　　第三，参考文献中英文分开排序。撰写论文可能会需要引用中英文参考文献，如果按照引用顺序排列参考文献或从知网直接导出参考文献，那么可能会出现参考文献排序混乱的情况。EndNote能够实现参考文献中英文分开排序，这样可使论文尾注的参考文献更加清晰与美观。参考文献中英文分开排序是指全部英文参考文献在中文参考文献前，并且中英文参考文献都按照作者的姓氏音序A—Z的顺序排列。下面以三篇中文文献[1][2][3]和三篇英文文献[4][5][6]为例，展示如何实现参考文献中英文分开排序。

　　具体操作：首先，将所需中英文参考文献分别分组，将其定义为"中文文献"和"英文文献"（可以自定义为其他名字）。选中"英文文献"组的所有文献，单击工具栏中的"Library"，单击"Change/Move/Copy Fields"（更改/移动/复制字段）。在弹出的页面中，在"In"后面选择"Language"，在"Change"选项中选择"Replace whole field with"，然后在右边的空白格中输入"英文"，单击确定。"中文文献"组操作类似。不同的是，最后一步在右边的空白格中输入"中文"，然后单击确定，如图1-2-11所示。

图1-2-11　中英文文献格式修改

　　① 刘莉莉，周照林. 校本教研参与对教师实践性知识的影响——组织支持感的中介作用及教师自我效能感的调节作用[J]. 教师教育研究，2022，34（2）：7-14.

　　② 沈杰，郑全全. 中学教师自我效能感与职业倦怠关系的研究[J]. 教育研究与实验，2005（2）：58-60.

　　③ 李红，郝春东，张旭. 教师教学效能感与学生自我效能感研究[J]. 高等师范教育研究，2000，12（3）：44-48.

　　④ Burić I，Macuka I. Self-efficacy，emotions and work engagement among teachers：A two wave cross-lagged analysis[J]. Journal of Happiness Studies，2018，19（7）：1917-1933.

　　⑤ Dicke T，Stebner F，Linninger C，et al. A longitudinal study of teachers' occupational well-being：Applying the job demands-resources model[J]. Journal of Occupational Health Psychology，2018，23（2）：262-277.

　　⑥ Kim L E，Jörg V，Klassen R M. A meta-analysis of the effects of teacher personality on teacher effectiveness and burnout[J]. Educational psychology review，2019，31（1）：163-195.

其次，编辑国标文献格式。点开"中文文献"分组，选中所有文献，单击上方工具栏中的"Tools"，接着单击"Output Styles"，再单击"Edit 'Chinese Std GBT7714（numeric）'"，如图 1-2-12 所示。

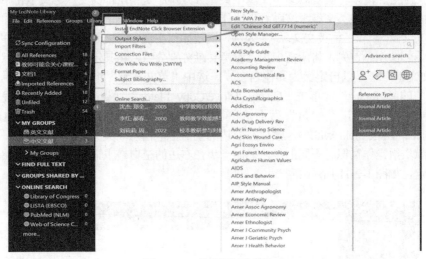

图 1-2-12　编辑国标文献格式

再次，在弹出来的页面中找到"Bibliography"，单击"Sort Order"，在弹出来的页面中选择"other"，会弹出来"Sort Options"页面。在"Sort First by this"中下拉单击"Language"，在"Then by this"中下拉单击"Author"，接着单击两栏右面的箭头选择升序，单击"OK"完成设置，在"Other"这一栏会出现"Language+Author"的字样。接着选中下方的"Sort edited works after original works by the same author"（同一作者的，著作方式为编著的位于著之后）。

最后，打开 Word 文档，单击 EndNote 中的"Style"，下拉单击第一个选项"Select Another Style"，在弹出的页面找到设置好的参考文献格式，选中并单击"OK"完成设置。重新打开"Style"选项，出现刚刚选中的带有"Copy"字样的文献格式，说明设置成功。（由于窗口较小，文献格式的名字不会完整地显示在"EndNote 20 Styles"弹出窗口中，下拉单击第二个国标文献格式即可。如果错误，设置完成后可查看选中格式是否带有"Copy"字样，如果没有，再进行替换），如图 1-2-13 所示。

此外，在论文中引用参考文献时，先单击 Word 文档中 EndNote 选项中的"Style"，选中设置好的文献格式（带有"Copy"字样），再插入参考文献，即可实现中英文参考文献分开排序，如图 1-2-14 所示。

综上，EndNote 文献管理软件提供个人文献库构建、文献分析和参考文献管理等功能，它可以高效完成参考文献的修改和格式的变更，而且可以将参考文献引用错误减少至最低。人才培养过程中，很有必要引入文献管理软件以提高学生文献管理与论文写作能力。如果能够在论文写作中应用文献管理软件，则可以提高学生自学能力，增强学生逻辑思维能力。因此，有效利用文献管理软件是学术工作者不可或缺的能力之一。

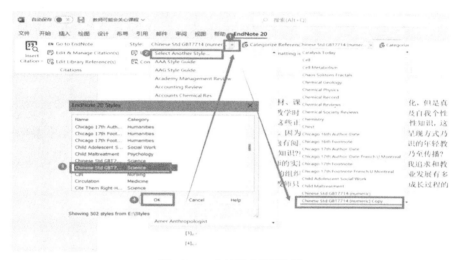

图 1-2-13　文献格式类型选择

[1]　BURIC I, MACUKA I. Self-Efficacy, Emotions and Work Engagement Among Teachers: A Two Wave Cross-Lagged Analysis [J]. Journal of Happiness Studies, 2018, 19(7): 1917-33.

[2]　DICKE T, STEBNER F, LINNINGER C, et al. A Longitudinal Study of Teachers' Occupational Well-Being: Applying the Job Demands-Resources Model [J]. Journal of Occupational Health Psychology, 2018, 23(2): 262-77.

[3]　KIM L E, JORG V, KLASSEN R M. A Meta-Analysis of the Effects of Teacher Personality on Teacher Effectiveness and Burnout [J]. Educational Psychology Review, 2019, 31(1): 163-95.

[4]　李红, 郝春东, 张旭. 教师教学效能感与学生自我效能感研究 [J]. 高等师范教育研究, 2000, (03): 44-8.

[5]　刘莉莉, 周照林. 校本教研参与对教师实践性知识的影响——组织支持感的中介作用及教师自我效能感的调节作用 [J]. 教师教育研究, 2022, 34(02): 7-14.

[6]　沈杰, 郑全全. 中学教师自我效能感与职业倦怠关系的研究 [J]. 教育研究与实验, 2005, (02): 58-60.

图 1-2-14　中英文参考文献分开排序

二、NoteExpress 文献管理工具

NoteExpress 是一个专业的文献检索与管理软件，其核心功能是：帮助读者检索并管理得到的文献题录（一般包含标题、作者、年份、期刊、作者机构等）及全文；在撰写论文时，可在文中指定位置添加、修改文中注释，然后按照不同的论文格式要求自动生成参考文献索引[①]。下面以 NoteExpress_4.0.0.9788 个人版为例，简要介绍 NoteExpress 软件的功能和操作步骤。

（一）NoteExpress 功能简介

图 1-2-15 为 NoteExpress 软件主界面，包括数据库目录区、标签区、题录区、题录细节区四个部分。题录细节区包括细节、预览、综述、附件、笔记、位置六个部分。选中一条题录，在题录细节区可以查看该题录的相关内容。例如，细节区可以查看作者姓名、标题等；预览区可以查看以某种参考文献格式生成的引用样式。

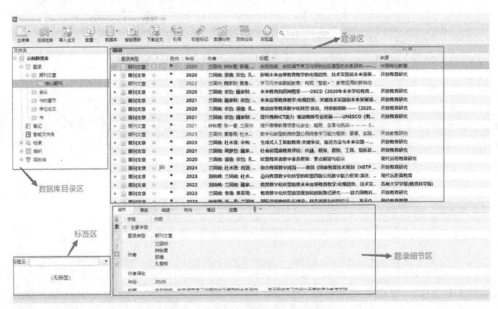

图 1-2-15　NoteExpress 软件主界面的介绍

（二）NoteExpress 操作步骤

1. 新建数据库和文件夹

NoteExpress 安装完成第一次运行时，系统会自动加载"示例数据库"。使用时

---

① 周静. NoteExpress 和 EndNote 文献管理功能的比较[J]. 中国校外教育，2009（10）：64，101.

为了便于专题检索，可以单击主菜单"文件"→"新建数据库"新建一个后缀为".nel"的数据库。①

"示例数据库"下包含 5 个文件夹，即题录、笔记、检索、组织和回收站，在题录文件夹中可针对每个专题检索课题新建对应文件夹并命名，然后将检索到的相关文献题录信息分别导入对应的文件夹中，将文献的所有元数据信息以列表的形式整合在一起，便于分析和管理文献，文献全文可以通过题录附件进行管理。②

具体操作：右键单击题录→在弹出窗口选择添加文件夹，为新建文件夹命名；为文件夹内导入题录。

2. 检索文献和导入题录

（1）检索在线数据库后直接导入

NoteExpress 集成了中国知网、万方、维普、ISI、Wiley、PubMed 等数据库，可以在软件中通过统一的界面检索，检索结果直接保存到自身数据库中。检索人员利用"在线检索"功能可以不登录数据库页面就能直接检索，节省打开数据库页面时的反应时间，亦可根据工作需要增加或删减数据库链接，使选择更具灵活性；随后在检索结果中筛选出相关文献，利用导入题录功能将题录信息导入到指定文件夹中。③

以中国知网为例，在线数据库检索结果批量导入方法如下：单击"在线检索"→选择"在线数据库"→确定"中国期刊全文数据库（CNKI Journal）"→填写检索条件→根据需要单击"增加条件"按钮（可以通过多次增加的方式组合检索条件）→单击"开始检索"→选择"批量取回"，确定批量存储 NoteExpress 数据库的页码范围→单击"插入数据库"→选择题录存入的文件夹→完成所选题录的批量导入。

（2）过滤器导入法

网络资源内容丰富、形式多样，但是除上述 NoteExpress 搜索引擎内置接口外，还有很多网络数据库无法实现直接检索。然而 NoteExpress 提供的强大自定义过滤器功能，可以将这些网络数据库导入，给用户使用这些数据库的参考文献带来便利。以 Web of Science 为例，详述导入到 NoteExpress 的方法。

在网站上打开 Web of Science→进行基本检索→选择将数据保存至其他文件格式→选择记录数→单击"发送"按钮，在浏览器上下载所选择的文献，将题录导入 NoteExpress；打开 NoteExpress 的"题录导入"窗口→单击"选择"按钮→选择过滤器为"Web of Science"→单击"导入"按钮。

（3）手工录入法

NoteExpress 的手动添加功能可以补充自动录入困难或零散的文献资料，在"题

---

① 罗红燕，陈绍兰. 利用 NoteExpress 建立专题文献数据库的方法与技巧[J]. 西南师范大学学报（自然科学版），2009, 34（6）：81-84.

② 罗红燕，陈绍兰. 利用 NoteExpress 建立专题文献数据库的方法与技巧[J]. 西南师范大学学报（自然科学版），2009, 34（6）：81-84.

③ 叶佩珍. 基于 NoteExpress 的个人知识管理[J]. 情报探索，2008（7）：75-78.

录"文件夹下选中某子文件夹,作为新建题录的存放位置,右击"导入文件",即可添加所需文献。

3. 分析和整理文献题录

（1）更新题录

NoteExpress 的在线题录更新功能可用来及时补充和更新数据库中的题录信息。具体步骤:选择需要更新的题录,首先单击"主菜单"→选择"检索"→"在线更新题录"→"自动更新",其次在弹出的"在线更新题录"对话窗口中,单击"更新自"下文本框后的选项→选择数据库→单击"查找更新",最后查找完毕后,可以在检索窗口中看到是否检索到相关的题录信息。如果检索到多条信息,比较后可以选择最匹配的信息,选择完毕后,单击"应用更新"即可[1],如图 1-2-16 所示。

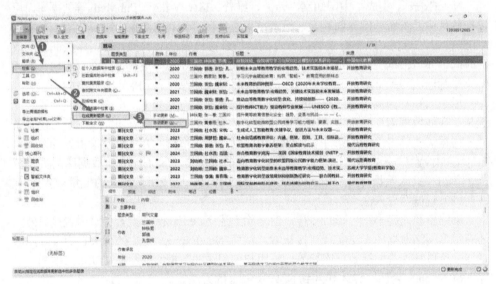

图 1-2-16　NoteExpress 更新题录

（2）标识功能

阅读题录后,用户可以对需要做对比分析、附件或需要下载的全文进行标记,可以用软件自带的形式进行标记,也可以根据个人喜好自定义标记样式（图 1-2-17）。

（3）添加笔记与附件

NoteExpress 自带笔记功能,分析文献时,可以利用其实时记录。使用方法为:在文章中需要添加笔记的地方直接选择"添加笔记"图标（图 1-2-18）。另外,编辑笔记窗口的工具栏有"发送到 MS Word"按钮,可以非常方便地将笔记插入到 Word 文档中。在 NoteExpress 中,还可以对每条题录添加多个附件信息。最简单直接的方

---

[1] 李茂. NoteExpress 管理软件在图书馆定题服务中的应用[J]. 科技情报开发与经济,2010,20（13）:6-9.

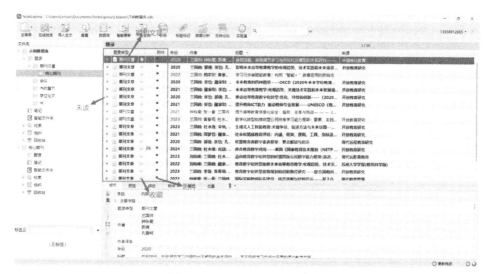

图 1-2-17　NoteExpress 题录标识

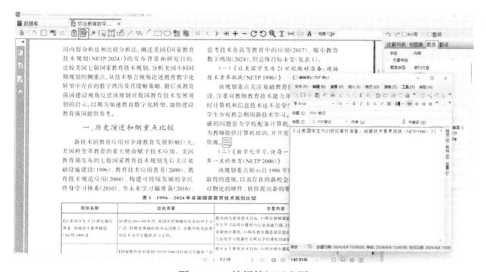

图 1-2-18　编辑笔记示意图

法是：单击某条题录，右击选择"添加附件"即可，方便在需要时快速打开，省去在计算机中手动寻找的麻烦。

（4）数据库的复制

如图 1-2-19 所示，在工作人员和用户不能及时面对面交流的情况下，可以将扩展名为.nel 的数据库文件单独复制出来，复制出来的数据库可以在任何安装有 NoteExpress 的计算机上打开，然后运用传输工具便可以将数据文件库进行传递。操作步骤：选择主菜单→导出老版 NE 库（.nel 文件）。

图 1-2-19 数据库复制示意图

4. 导出题录与引用引文

（1）导出题录

如图 1-2-20 所示，文献分析完成后，可以将标记好的题录和写好的笔记用相应的样式导出。为了规范，通常按照《信息与文献 参考文献著录规则》样式导出。具体步骤：选择要导出的题录→右键选择相应文件夹→选择"导出题录"到剪贴板→选择使用样式→单击开始导出，导出完毕后，将其粘贴到报告中即可。[①]

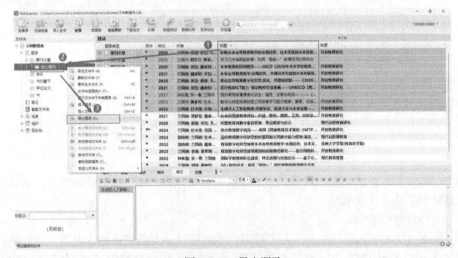

图 1-2-20 导出题录

---

① 申利. 基于 NoteExpress 的个人数字图书馆的创建和管理[J]. 现代情报，2011，31（3）：157-159.

（2）自动标注引文

自动标注引文是 NoteExpress 的核心内容，正确安装 NoteExpress 后，重新启动或打开 Word，Word 工具栏中会出现 NoteExpress 一栏，其主要功能是在论文写作中快速准确地引用 NoteExpress 中的题录数据，并按照国家和学校及投稿期刊要求，自动生成格式化的参考文献（图 1-2-21）。完成写作后，可以根据投稿期刊要求排列参考文献，极大地节省了翻阅文献、调整格式的时间。

具体步骤：在 Word 中单击 NoteExpress 工具条上的"格式化参考文献"按钮→在弹出对话框中点"格式化参考文献"标签→根据需求选择输入样式→单击"确定"→选择"转到 NoteExpress"→在 NoteExpress 里选择引用文献→在 Word 里单击插入引文，即在论文末尾生成参考文献。[①]

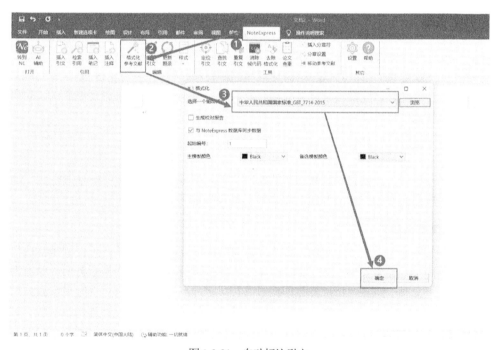

图 1-2-21　自动标注引文

文献管理工具在论文写作过程中具有重要作用。使用 NoteExpress 文献管理工具可以帮助我们高效利用电子资源，检索文献，分类管理文献，极大节省了查阅文献的时间。因此，学会正确使用 NoteExpress 文献管理工具，是做好学术研究不可缺少的一步。

---

① 罗红燕，陈绍兰. 利用 NoteExpress 建立专题文献数据库的方法与技巧[J]. 西南师范大学学报（自然科学版），2009，34（6）：81-84.

三、知网研学文献管理工具

"知网研学"（原 E-Study）是中国知网旗下的在线学习平台。知网研学是在提供传统文献服务的基础上，以云服务的模式，提供集中外文献检索、阅读、笔记摘录、笔记整理（笔记导图、文献矩阵）、论文写作、个人知识管理等功能为一体的个人探究式学习平台。

（一）知网研学功能简介

知网研学平台主要有三类功能：①汇，即文献的检索、采集、整理功能：中外文献快速采集、本地资料直接上传、学科资源系统梳理、订阅内容自动推送、所有资料统一管理、多端口登录实时同步、实名认领本人学术成果等。②读，即文献的阅读和重点标记功能：文献目录快速浏览、全文在线阅读、动态嵌入式笔记、购物车式文摘、自动汇编阅读笔记、一键打开参考文献、全面获取知网节信息（包括题录摘要信息和相关文献信息）等。③写，即论文撰写的排版和投稿功能：提供思维导图工具、自动生成参考文献、速检索笔记文摘、高效引用写作模板、一键添加写作素材、期刊官网快速投稿等。

（二）知网研学操作步骤

知网研学平台支持"中国知网"数据库文献的在线检索及多种文献导入方式，同时用户可根据需要设置相关专题，对文献资料归类整理。

1. 检索文献

打开知网研学，进入主页面，页面上方有简易的文献搜索引擎，可根据需要选择检索数据库，在搜索栏输入关键词，再单击右侧搜索键，即可进入搜索界面。单击搜索框下方"更多"或者单击"数据库检索"均可进入高级检索模式，高级检索能够精准搜索更为科学、严谨、实用的相关文献。在高级页面根据需要选择数据库，在"检索条件"中输入相关主题、作者或关键词（单击下拉箭头可更换检索内容），即可进行高级检索。

在数据库检索页面右上角，单击"知网研学网页端"蓝色字体，可进入知网研学网页端，更加精准地检索文献，如图 1-2-22 所示，先在下方蓝色区域内选择所需文献类型数据库（以"学术期刊"类型为例）；在"来源类别"中勾选所需期刊来源数据库（以"北大核心""CSSCI"数据库为例）；最后在上方检索栏根据需要输入关键词，单击下拉菜单，可更换检索项目。

完成"高级检索"后，出现检索结果页面，可根据相关度高低、发表时间早晚、被引或下载量的多少进行排序，便于用户进行取舍。

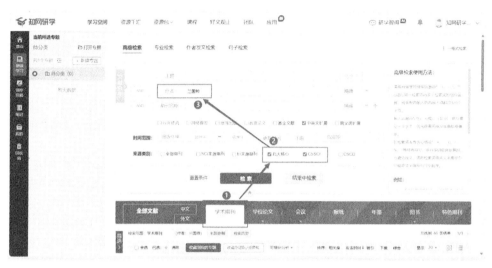

图 1-2-22　知网研学高级检索

2. 创建专题

在知网研学页面，单击"学习专题"→"新建专题"（图 1-2-23），弹出专题信息输入窗口，即可创建专题。创建专题后，可在选定专题内导入文献，以减轻"直接导入文献后再进行分类"的工作量，这样做更为便捷、实用。

图 1-2-23　创建文献专题

3. 导入文献

知网研学支持多种文献导入方式，用户可以选择在"中国知网"进行在线文献检索与导入，或者直接导入已保存在本地的文献。

（1）"中国知网"文献导入

打开知网研学主界面后，在左侧单击创建的专题（以"教育数字化转型"专题为例），再单击页面中的"检索添加文献"，进入检索页面，与前文所述"文献检索"方式相同，建议进入知网研学网页端使用"高级检索"功能。

进入知网研学网页端后，单击左侧菜单栏"研读学习"模块，选择"教育数字化转型"专题，再单击"检索添加"，即可进入检索页面，并自动以专题名称为关键词进行检索。建议单击右侧"高级检索"，使用高级检索功能，获取更为精准、权威的文献资料。进入高级检索页面后，检索方式与前文所述类似（区别在于此处是在专题内进行"高级检索"，选中文献会直接收入专题中；前文所述的直接检索方式，选中文献被收录进"待分类"文件夹内，待使用者后续整理）。

检索结束后，根据"相关度""发表时间""被引""下载"进行自主排序，选择合适的文献资料。在文献题录前勾选星星图标进行收藏，即可将文献收藏至专题。返回知网研学桌面端主界面，刷新，点开专题，即可看到从"中国知网"导入的文献资料（图1-2-24）。

图1-2-24　"中国知网"文献成功导入

（2）本地文献导入

知网研学除了支持在线文献检索和导入外，也支持本地文献导入。操作步骤为右键单击需要导入的专题后，选择"添加文献到相关专题"→单击"本地上传资料"（图1-2-25）。

图 1-2-25　本地文献导入

4. 插入引文

正确安装知网研学后，重新启动或打开 Word，Word 工具栏中会出现"知网研学（原 E-Study）"一栏，单击"插入引文"，在弹出的页面窗口中选择需要插入引文的文献，即可成功地将引文插入到 Word 文档中（图 1-2-26）。也可在知网研学中右键单击需要插入引文的文献，单击"插入题录到 Word"即可。

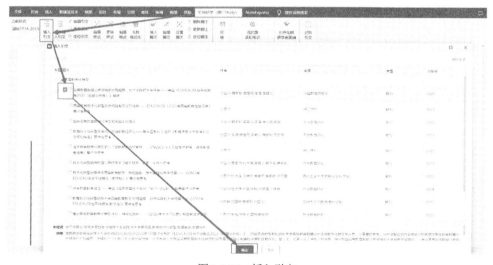

图 1-2-26　插入引文

第 二 章

怎样撰写文献综述类论文

在撰写不同类别的论文时，为确保论文的准确性、可信度和有效性，研究者需要运用特定的工具和技巧，以满足各类论文所需的要求。

文献综述类论文要求研究者善于查找和筛选文献，掌握文献管理工具，如CiteSpace、VOSviewer、CitNetExplorer 等，以便整理和引用大量的文献资料。在元分析类论文中，研究者需要使用统计分析软件，如 CMA 等，对已有研究结果进行集成和分析。因此，针对不同类别的论文，研究者须根据论文的性质和要求，灵活运用适当的工具和技巧，以确保论文的高质量和学术价值。

本章将介绍不同类型的研究工具，以便为撰写文献综述类和元分析类论文提供帮助与参考。

第一节 撰写文献综述类论文：学会文献综述工具

学会使用文献综述工具和熟练地撰写文献综述类论文是在学术写作中需要具备的重要技能。文献综述是研究者了解特定领域已有研究情况的重要途径，通过运用适当的文献综述工具，能在较大程度上提高研究效率和质量。文献综述类论文的撰写要求系统性地汇总、分析和评价过去研究的成果，揭示出研究领域的现状、趋势和不足之处。在这一过程中，学者需要善于运用文献管理工具（如 CiteSpace、VOSviewer、CitNetExplorer 等）来整理、分类和引用各种文献资料。

一、CiteSpace 操作与学术论文示例

（一）CiteSpace 软件的基本操作

1. 软件简介

CiteSpace（下载网址 https://sourceforge.net/projects/citespace/）是一款专门用于分析科学文献中潜在知识的软件。它是在科学计量学、数据和信息可视化背景下逐渐发展起来的。该软件能够帮助研究者探究某一研究领域的研究热点、研究前沿、知识基础、主要作者和机构等。同时，它还能预测某一研究领域的未来发展走向。

（1）界面与功能介绍

第一步，双击软件快捷方式进入以下界面（图 2-1-1）。

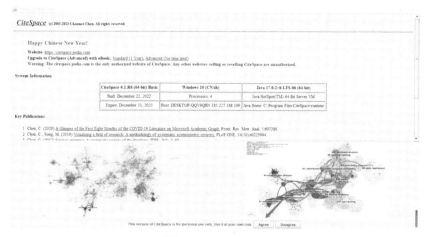

图 2-1-1　Agree 界面

第二步，单击"Agree"，进入功能参数界面（图 2-1-2）。除了执行操作区，该界面共有八个区域，分别是菜单栏、项目区、处理过程区、处理报告区、时间切片功能区、文本处理区、网络配置区、网络裁剪和可视化设置区。

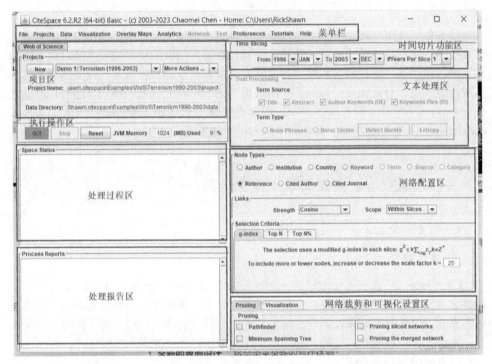

图 2-1-2　功能参数界面

以下是功能参数界面八个区域的介绍：

菜单栏有十一个菜单，分别是：文件、项目、数据、可视化、叠加分析、文献网络分析、偏好设置、Tutorials、Help、Network、Text。用户可根据需要进行功能的选择。

项目区用于新建项目，共有五项内容，分别是：区域 1 "New"，单击即可创建新的项目，并添加所要分析的项目和数据；区域 2 表示当前分析数据的名称；区域 3 可对当前项目的参数进行再设计；区域 4 是进行数据分析的项目文件位置；区域 5 是原始数据文件位置。

处理过程区用于展示数据处理操作过程，包括五个方面的处理：数据的时间切片（区域 1）、阈值（区域 2）、某时间段内所有数据的总量（区域 3）、所提取的节点的数量（区域 4）、所提取的知识网络的实际边数和总边数（区域 5）。

处理报告区用于展示数据处理的报告和结果。

时间切片功能区用于选择关于时间切片的内容，由两个部分组成：选择下载数据的起止时间（区域 1）和选择下载数据的切分单位（区域 2）。

文本处理区分为两个部分：主题来源和主题类型。主题来源包括标题、摘要、作者关键词、数据库的补加关键词（根据文献重新提取的关键词），主题类型包括名词性术语、突变词。该区域选项设置一般取默认值。

网络配置区分为三个部分：节点类型、连接、选择阈值。在节点类型中，作者、机构及国家属于合作网络分析；术语、关键词、来源、目录属于共现网络分析；被引文献、被引作者、被引期刊属于共被引网络分析。

首先，合作网络分析。合作网络分析主要用于分析学术合作网络。在左侧的面板中，选择"分析"选项卡，然后在下拉菜单中选择"合著分析"。通过设置感兴趣的作者和其他参数，如时间范围、合作次数等，CiteSpace 将生成一个学术合作网络图。这个图可以展示作者之间的合作关系和合作强度，帮助研究者了解学术领域内的主要合作团队和合作趋势。

其次，共现网络分析。共现网络分析主要用于分析关键词或主题的共现关系。通过设置感兴趣的关键词和其他参数，如时间范围、共现次数等，CiteSpace 将生成一个关键词共现网络图。这个图可以展示关键词之间的关联程度和演化趋势，帮助研究者了解学术领域的研究热点和发展趋势。

最后，共被引网络分析。共被引网络分析是指两篇文献如果共同出现在第三篇施引文献的参考文献目录中，则这两篇文献形成共被引关系。这种分析方法主要用于挖掘文献之间的关联强度和相似度。通过对一个引文网络进行文献共被引关系挖掘的过程，可以了解文献之间的引用关系和引用强度，进而揭示学科领域的研究热点和前沿趋势。

连接和选择阈值选项设置一般取默认值。需要注意的是：来源于知网的文献只能进行作者、机构和关键词的分析。

网络裁剪和可视化设置区主要用于选择网络裁剪方式和设置可视化功能。

（2）可视化界面介绍

输入数据后，单击"Go！"，即可出现可视化界面（图 2-1-3）。可视化界面共分为八个区域，分别如下。

菜单栏（区域 1），主要包括文件、数据、可视化、显示、节点、连接、标签、聚类、叠加、过滤、总结、导出、窗口、帮助这十四个菜单，其中常用的功能放入了快捷功能区，用户可根据需要进行功能的选择。

快捷功能区（区域 2），主要包括结果保存区、运行/停止区、图形和线条调整区、背景颜色调整区、聚类功能区、节点样式选择区、视图选择区这七个小的功能区。

节点信息表（区域 3），主要汇集了网络节点中的信息，即频次、中心性、年份和文献中的具体信息等，该表可通过复制等方式导出再分析。

快捷工具区（区域 4），包括关键路径识别、引用和频次突显性探测、不同年份的节点连接、拖动工具条、节点信息检索框、聚类数量六个部分。

分析结果区（区域5），显示分析结果。

图形位置调整区（区域6），主要包括上、下两个滚动轴，可进行拖动、调整图形位置。

图形区（区域7）主要用于展示图形和调整图形。

图形元素调整区（区域8）主要分为七个部分，即标签、布局、视图、彩图、突发性、搜索、聚类。

其中，突发性是指某个关键词或主题在一段时间内突然出现的频率增加，通常意味着该关键词或主题在该时间段内受到了特别的关注或重要性增加。聚类则是指将相似的关键词或主题聚集在一起，形成一个聚类。聚类可以帮助研究者识别出学科领域内的主要研究方向或子领域，以及它们之间的关系和互动。

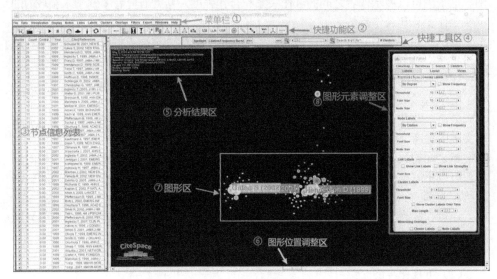

图 2-1-3　可视化界面

2. 软件操作

CiteSpace 的总体操作流程如图 2-1-4 所示。

下面以"智慧教育"为例，在中国知网检索文献，介绍 CiteSpace 的使用方式和基本操作。

第一步，新建一个文件夹，命名为"智慧教育"，建立四个子文件夹，分别命名为"data""input""output""project"。进入中国知网，输入关键词"智慧教育"，勾选需要的文章，选择"Refworks"格式导出。

第二步，单击"导出"，并将名称改变为"download"，将其存放在"智慧教育"文件夹中的"input"中，单击"下载"，然后在主界面中选择"Data"里的"Import/Export"（图 2-1-5）。

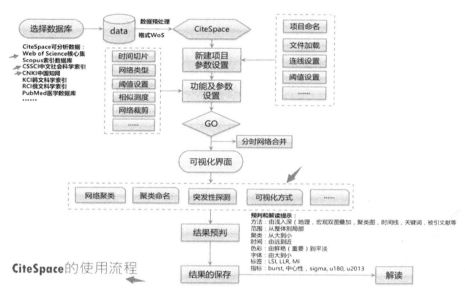

图 2-1-4　CiteSpace 总体操作流程

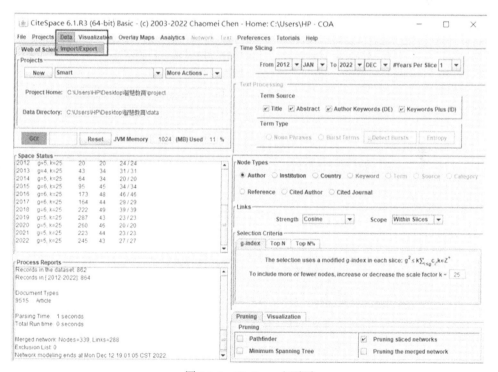

图 2-1-5　CiteSpace 主页面

第三步，单击"CNKI"进行数据转换。然后单击"Browse"，找到"智慧教育"文件夹，选择其中的"input"文件夹，单击"打开"即可导入数据库（图2-1-6）。

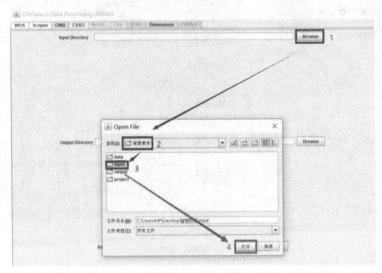

图 2-1-6　导入数据

第四步，选择"Output Directory"对应的"Browse"，找到"智慧教育"文件夹，选择"output"文件夹，单击"打开"（图2-1-7）。

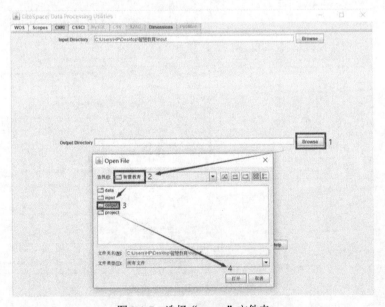

图 2-1-7　选择"output"文件夹

第五步，单击页面下方"CNKI Format Conversion（3.0）"，即完成数据转换（图2-1-8）。

图 2-1-8　数据转换完成

第六步，打开计算机智慧教育文件夹中的"output"文件夹即可看到转换后的数据库，并将其复制粘贴到"data"文件夹中（图2-1-9）。

图 2-1-9　粘贴到"data"文件夹

第七步，单击"New"（图2-1-10），新建一个工程。

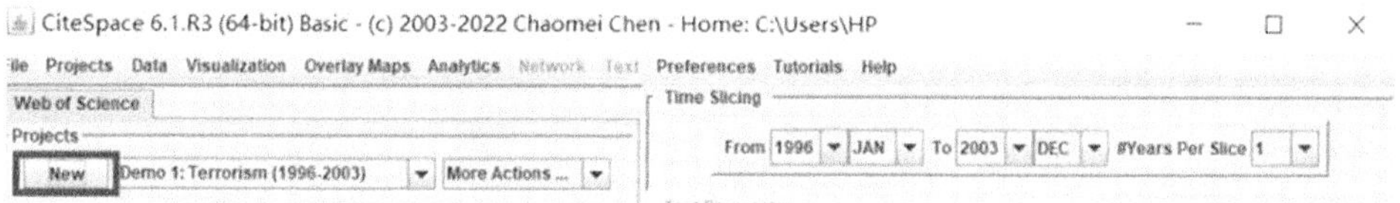

图 2-1-10　新建工程

第八步，在"Title"一栏输入英文题目（图2-1-11），如"Smart"。

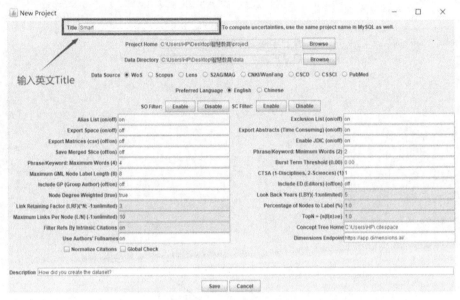

图2-1-11　输入英文题目

第九步，选择"Project Home"对应的"Browse"，找到"智慧教育"文件夹，选择其中的"project"文件夹，单击"打开"（图2-1-12）。

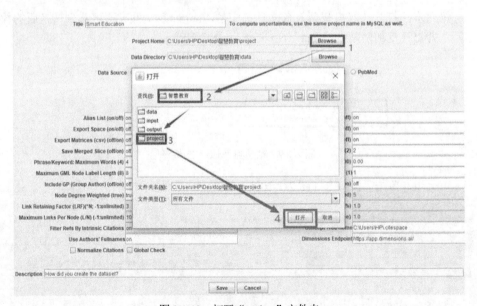

图2-1-12　打开"project"文件夹

第十步，选择"Data Directory"对应的"Browse"，找到"智慧教育"文件夹，选择"data"文件夹，单击"打开"（图2-1-13）。

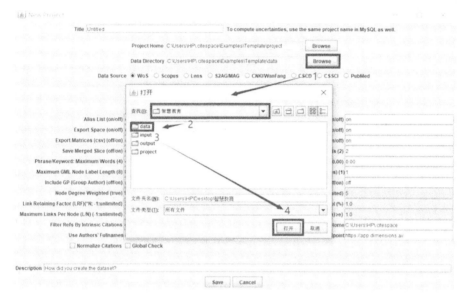

图2-1-13 打开"data"文件夹

第十一步，打开"data"文件夹后，单击"Save"保存工程（图2-1-14）。

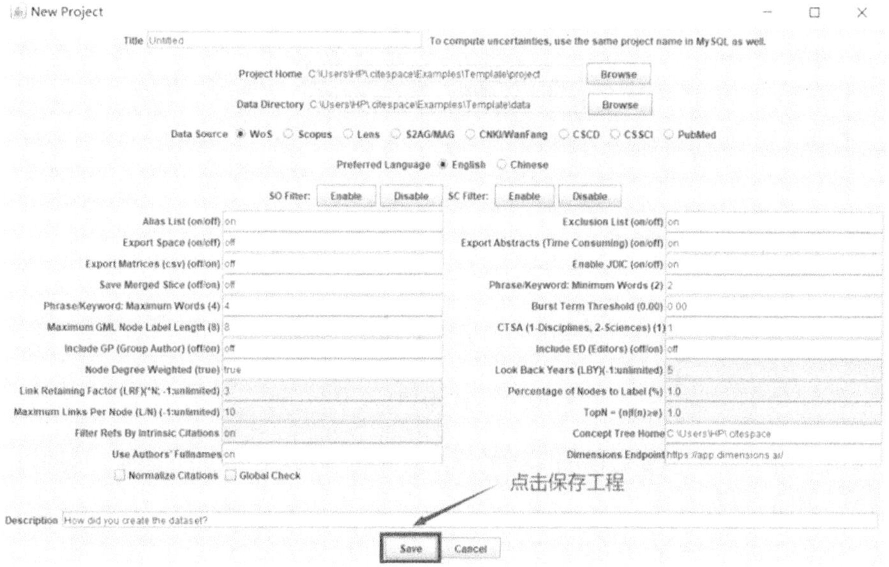

图2-1-14 保存工程

第十二步，选择"data"中的数据对应的时间；选择需要运行的"Node Types"，如"Keyword"；选择"Pruning"对应的选项。最后单击"Go!"进行图谱分析（图2-1-15）。

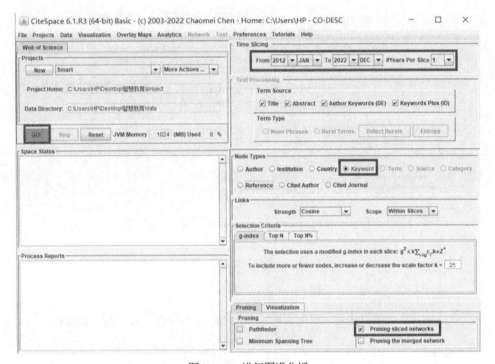

图2-1-15　进行图谱分析

第十三步，单击"K"进行聚类分析，即可完成对关键词的编号；单击"Node size"按钮，可以改变节点大小（图2-1-16）。

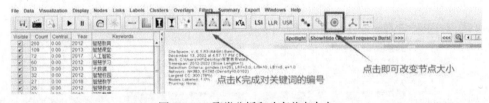

图2-1-16　聚类分析和改变节点大小

第十四步，根据需要做出的图谱的形状、颜色等对"Control Panel"里的内容进行调整（图2-1-17）。

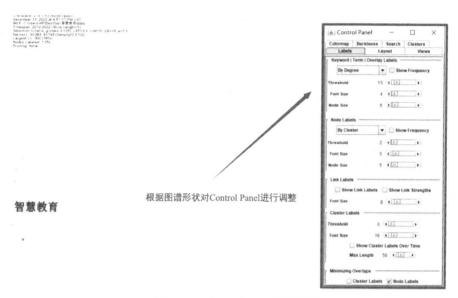

图 2-1-17 Control Panel 参数调整

最终图谱呈现的效果，如图 2-1-18 所示。

图 2-1-18 图谱呈现效果

（二）基于 CiteSpace 的论文示例

下面以《国际教育技术研究前沿热点知识图谱建构研究——基于十八种 SSCI 期

刊 1960—2016 年文献的可视化分析》[①]为例，示范 CiteSpace 的使用方式和图谱分析思路。

1. 样本数据来源

在使用 CiteSpace 时，确定一个科学、合理且明确的数据来源是第一步。首先关注国际教育技术领域的研究前沿、研究热点及其动态趋势，另外，一些重要学术团体的成果对于学术研究来说也是意义重大的。其次，将文章的题目进行拆分，可以从关键词中获知检索条件，如"国际教育技术""研究热点""研究前沿""知识图谱""可视化分析"。最后，在文章中对检索范围作解释。专业学术刊物，尤其是公认的核心学术刊物，可视作学科知识的主要载体。社会科学引文索引是目前国际上人文社会科学领域较大、较权威的科学引文数据库之一，其来源期刊均经过了科学方法的层层筛选，其发表的研究文献可反映学科领域国际研究的主流与前沿。鉴于此，《国际教育技术研究前沿热点知识图谱建构研究——基于十八种 SSCI 期刊 1960—2016 年文献的可视化分析》结合国际教育技术的发展及其研究历程，对 1960—2016 年 SSCI 所收录的教育技术领域 18 种国际核心期刊文献进行分析。

一般情况下，在进行检索时采用"高级检索"的方式，这样能获得更为权威、精准的文献数据，并且可以依据研究需求来选择适合的检索时间节点。在获取数据后，要进一步筛选，以剔除报道、会议通知、文件、征稿启事、卷首语等无效文献。

2. 时空知识图谱及其分析

时空知识图谱分为时间分布图谱和空间分布图谱。

（1）时间分布图谱

时间分布图谱主要依靠统计来获取研究主题在时间发展线上的变化情况。可通过可视化分析并生成"突现主题词""研究前沿"等统计图表，通过图表可以看出该主题研究情况的时间节点变化和重要的研究机构、作者等内容。

《国际教育技术研究前沿热点知识图谱建构研究——基于十八种 SSCI 期刊 1960—2016 年文献的可视化分析》以知识图谱可视化视角分析，首先，利用知识图谱可视化分析软件 CiteSpace III，对 1960—2016 年 SSCI 数据库收录的教育技术研究文献，采用词频探测技术分时段（1960—1988 年、1989—1999 年、2000—2010 年、2011—2016 年）进行突现主题词图谱分析，确定突现主题词，生成代表研究前沿的可视化知识图谱，以探测该领域的研究前沿。

（2）空间分布图谱

在新版 CiteSpace 中，空间分布图谱主要有聚类视图（Clusters）和时间线视图（Timeline）两种视图方式，其中的时间线视图与旧版绘制的时区视图类似。时间线

---

① 兰国帅. 国际教育技术研究前沿热点知识图谱建构研究——基于十八种 SSCI 期刊 1960—2016 年文献的可视化分析[J]. 现代远距离教育，2017（3）：57-76.

视图可显示共引网络中节点随时间变化的空间分布情况。

时间线图谱主要侧重勾画聚类间的关系和某个聚类中文献的历史跨度，更加关注聚类间的相关联系和影响，着重描绘各个研究领域随时间的演变趋势。同一聚类节点按时间顺序被排布在同一水平线上，每个聚类的文献就像串在一条时间线上，展示出该聚类的历史成果。因而，通过时间线谱，可做如下分析：在哪些年份，该聚类开始出现，即有了该聚类的第一篇参考文献；在哪些年份，该聚类的成果开始增多；在哪些年份，该聚类开始趋冷，关注度降低；整个聚类发展过程中，在哪些年份出现了该聚类的标志性文献（如高被引文献、高中心性文献），这些文献如何影响整个聚类主题的走势。

例如，《国际教育技术研究前沿热点知识图谱建构研究——基于十八种 SSCI 期刊 1960—2016 年文献的可视化分析》一文中，从时间线图谱看，1960—1988 年国际教育技术领域重点关注计算机辅助教学、教育技术、教学技术、计算机辅助教学项目等研究主题，且这些研究主题间关系较密切。1989—1999 年国际教育技术领域重点关注计算机焦虑和计算机经验的元分析、计算机技术使用焦虑和技术恐惧症、问题解决与人工智能领域、计算机辅助教育、计算机辅助教学的模型、职前教师培训等研究主题。2000—2010 年教育技术领域重点关注互联网使用模型消费者信任、合作/协作学习、信息技术使用、在线学习课程开发、专门知识反转效应、教育设计、计算机支持合作学习等主题。2011—2016 年教育技术领域重点关注教育、学习、互联网、技术接受、大规模在线开放课程等研究主题。

在论文创作时，要灵活运用时间线图谱和聚类图谱，对其中各个节点所代表项和时间轴上的分布进行语言叙述，即可获得相关研究情况和发展趋势信息。总之，时空知识图谱可以展示节点随时间变化的空间关系，制作和分析文献数据的时空知识图谱可以从发文作者、研究机构、发表刊物等维度对主题相关文献的研究情况或趋势进行概览。

3. 内容知识图谱及其分析

（1）关键词的分析

《国际教育技术研究前沿热点知识图谱建构研究——基于十八种 SSCI 期刊 1960—2016 年文献的可视化分析》一文中，作者对各时段样本文献中高被引和高中心性关键术语进行关键词共现聚类分析，形成研究热点的可视化知识图谱，以探究该领域的研究热点。通过图谱制作，可以得知以下信息：1960—1988 年国际教育技术领域的研究热点主要聚焦于教育技术、计算机辅助教学、教学技术、计算机辅助教育、计算机辅助培训、计算机管理教学和学生绩效。1989—1999 年国际教育技术领域的研究热点主要聚焦于态度、学生、绩效、焦虑、成就、教学计算机媒介传播。2011—2016 年国际教育技术领域的研究热点主要聚焦于学生、教育、技术、绩效、互联网、计算机媒介传播、教学与学习策略、交互式学习环境、计算机自我效能。

（2）权威学者分析

中心度和频次高的关键词代表着一段时间内大多数研究者共同关注的问题，即研究热点。论文中关键词出现的频次及中心度可以反映研究热点的分布情况。例如，在《国际教育技术研究前沿热点知识图谱建构研究——基于十八种 SSCI 期刊 1960—2016 年文献的可视化分析》一文中，兰国帅对各时段样本文献的作者进行作者共被引分析，生成作者共被引可视化知识图谱，遴选出该领域研究中具有重要地位和学术贡献的权威学者及具有高影响力的领域研究经典文献。兰国帅使用 CiteSpace III，以 Cited Author 为节点，时间分区为一年，设置 top N% per sliced 值为 50%，采用 MST 算法，绘制作者共被引聚类知识图谱，得到教育技术领域的权威学者（表 2-1-1）。

表 2-1-1　整体拟合系数表（结构效度）

序号	被引频次	突现性	中心性	权威学者	年份
1	736	3.25	0.70	Vygotsky L S	2000
2	721	3.22	0.53	Bandura A	2000
3	600	10.12	0.42	Mayer R E	2000
4	599	10.13	0.48	Bavis F D	2003
5	589	9.10	0.01	Cohen J	2000
6	469	11.28	0.54	Jonassen D H	2000
7	460	11.23	0.18	Sweller J	2000
8	458	10.20	0.01	Venkatesh V	2007
9	431	8.90	0.12	Prensky M	2008
10	421	10.10	0.09	Lave J	2001
11	419	12.44	0.52	Jonassen D H	2000
12	388	11.10	0.15	Wenger E	2003
13	385	8.79	0.04	Ajzen I	2004
14	368	12.13	0.07	Garrison D R	2008
15	360	10.12	0.09	Mayer R E	2002

根据图谱分析得出理查德·梅耶（R.E.Mayer）、戴维·乔纳森（D.H.Jonassen）、兰迪·加里森（D. R.Garrison ）、约翰·斯威勒（J.Sweller）等为国际教育技术领域高影响力权威学术人物，其经典文献如《多媒体学习》《学习环境的理论基础》等，在国际教育技术领域颇具影响力。

4. 结论与建议

论文写作需要有对后续研究产生启发效果的成果，CiteSpace 进行图谱文献分析是为了对前述的文献进行总结和归纳，并针对研究现状预测或修正未来研究方向。例如，在《国际教育技术研究前沿热点知识图谱建构研究——基于十八种 SSCI 期刊 1960—2016 年文献的可视化分析》中，兰国帅在最后对 1960—2016 年有关国际教育技术的前沿热点研究从变化规律、研究前沿、研究热点、研究热点变迁、权威学者五方面进行了总结，并对国际教育技术研究前沿热点知识图谱建构的研究进行了反思。

总而言之，在利用 CiteSpace 进行文献分析和论文写作时，最后的结论一定要有数据和分析的支撑，建议要有一定的针对性且最后的结论一定建立在他人研究成果基础上。

二、VOSviewer 操作与学术论文示例

VOSviewer 是一款功能强大的文献计量分析软件。它是一款主要用于构建和查看文献计量图谱的分析软件，基于文献的共引和共被引原理，绘制相关知识领域的科学图谱。其特色功能包括支持文本挖掘，可以用于构建和可视化从科学文献中提取的重要术语的共现网络。接下来，我们使用知网数据库下载与"生命教育"主题有关的数据做演示，以此来分析所要研究领域的标题和摘要中词汇的共现。

（一）VOSviewer 软件的基本操作

1. 文献数据下载

（1）搜集数据

首先在中国知网上使用高级检索，检索主题为"生命教育"的学术期刊论文，为了确保检索文献的质量，一般我们选择核心期刊、CSSCI 以及 CSCD 学术期刊作为数据来源（图 2-1-19）。

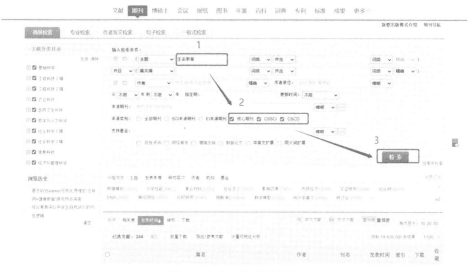

图 2-1-19 知网文献的检索

将检索出来的论文按照发表时间、被引、相关度等顺序排列，在选取文献时要注意文献选取的数量，过少会导致分析结果缺少一定的参考价值。图 2-1-20 中示例以相关度排序，选取了 284 篇文献，最后单击"导出/参考文献"。

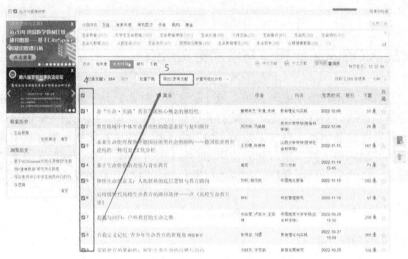

图 2-1-20　文献导出

（2）导入数据

在数据导出过程中，要注意文献的导出格式。目前 VOSviewer 支持的知网导出文献格式为"Refworks"和"EndNote"，图 2-1-21 展示保存为"EndNote"格式的类型。将导出的数据保存在计算机上，同时将保存数据的文件类型命名为"文本类型-(txt)"，否则将影响后面使用 VOSviewer 进行分析。

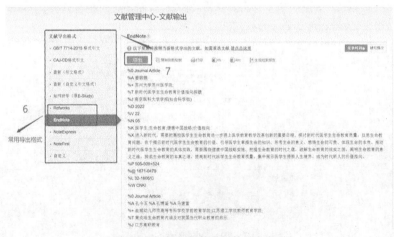

图 2-1-21　知网文献常用的导出类型

2. VOSviewer 操作

（1）打开软件

第一步，打开软件，单击标签 File 下的"Create"按钮（图2-1-22）。

图 2-1-22　打开 VOSviewer

（2）导入数据

第二步，根据研究目的，在"Choose type of date"页面勾选"Create a map based on bibliographic data"选项。此选项可创建基于书目数据的合著、关键字共现、引文、书目耦合或共引文图。此外，第一个选项支持的是网络数据，第三个选项支持的是文本数据。然后单击"Next"（图2-1-23）。

图 2-1-23　根据书目数据创建地图

第三步，在"Choose date source"页面勾选选项"Read date from bibliographic datebase files"，单击"Next"（图2-1-24）。

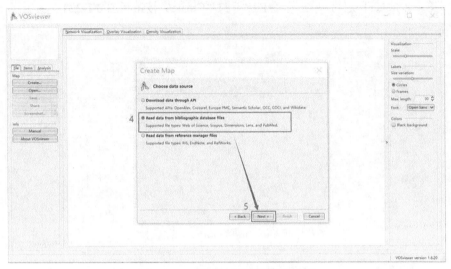

图2-1-24 引用管理器文件读取数据

第四步，在"Select files"页面单击"EndNote"（先前所导出的文献类型为EndNote）。

第五步，选择自己文件所在的数据库，导入事先下载好的文件，单击箭头所指按钮，选择文件（图2-1-25）。

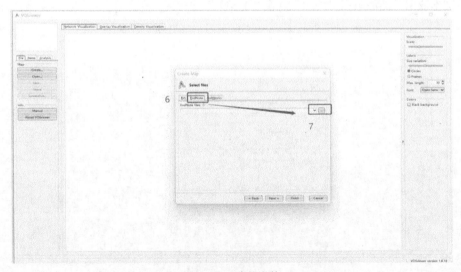

图2-1-25 查找文件

第六步，将文件导入至桌面，选中文件之后，单击"OK"（图 2-1-26）。

图 2-1-26　导入文件

第七步，文件框出现选中的文件名称，单击"Next"，完成文件导入（图 2-1-27）。

图 2-1-27　导入完成

（3）选择参数

根据文章需求选择分析方法：作者共现分析或关键词共现分析。共现分析是将各种信息载体中的共现信息定量化，以揭示信息中关联的内容以及特征项的隐含之意。在文献计量研究中，共同出现的特征项之间一定存在着某种关联，关联程度可用共现频次来衡量。

例如，两位作者共同出现在同一篇论文中，说明两位作者存在合作关系，且共同出现的频次越高，两位作者合作的强度就越高，关联程度就越大。一般共现类型有以下几种：论文共现、关键词共现、作者共现及期刊共现。因此，研究者可根据研究目的对研究方法进行抉择。

在此介绍作者共现分析方法，分析对象框选择作者，计数方法选择完全计数。在根据具体情况对文件中作者数量最大值进行确定与筛选之后单击"Next"（图 2-1-28）。

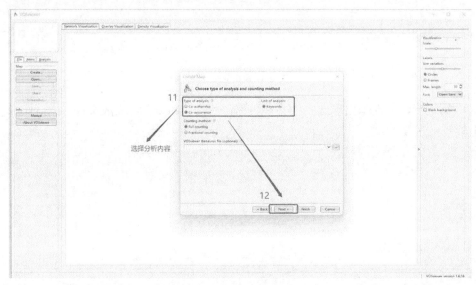

图 2-1-28　选择参数

（4）调节阈值

调出阈值是筛选关键词的"门槛"，即选择关键词出现的最少次数。如图 2-1-29 所示，阈值选择"1"，则在所有导入的文献中关键词出现过一次，就可被选入做共现分析的关键词。我们导入所有文献的关键词有 521 个，最少都出现过一次，所以被选入共现分析的关键词也有 521 个。阈值越小，被选入共现分析的关键词就越多，反之亦然。

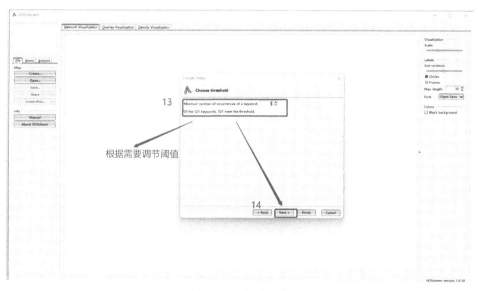

图 2-1-29 调节阈值

（5）生成分析

在上一步中，我们筛选出符合出现最少次数要求的关键词，这一步的目的是选择关键词的数量。筛选出的每个关键词都会被计算与其他关键词共现链接的总强度，然后，挑选出总链接强度最大的关键词。比如，输入"521"，则挑选出总链接强度最大的 521 个关键词（图 2-1-30）。

图 2-1-30 选择数量关键词

接着，我们来确认关键词。图 2-1-31 呈现的是我们已经筛选出的关键词。第三列为关键词出现的次数，第四列为该关键词与其他关键词之间的总链接强度。在第一列中取消勾选，可以再次筛选掉不需要的关键词。

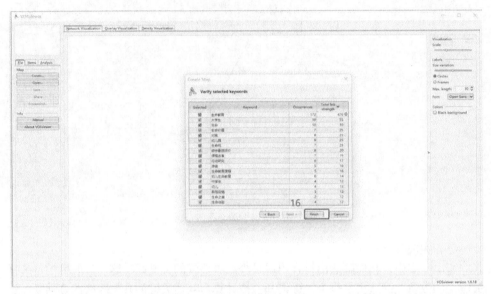

图 2-1-31　筛选关键词

3. 研究结果分析

VOSviewer 的结果视图有三类，分别是聚类视图（network visualization）、标签视图（overlay visualization）和密度视图（density visualization）。

（1）聚类视图

聚类视图：圆圈和标签组成一个元素，元素的大小取决于节点的度、连线的强度、被引量等元素，元素的颜色代表其所属的聚类，不同的颜色表示不同的聚类。通过该视图可查看每个单独的聚类。比如，通过主题共现发现研究热点的结构分布、通过作者合作发现研究小团体、通过作者耦合网络发现学者对研究主题的异同情况等。

如图 2-1-32 所示，可看到在这些文献里有非常多的关键词，单击左侧"File"后单击"Save"或"Screenshot"对此聚类视图进行保存，单击"Items"可看到所有的类别。

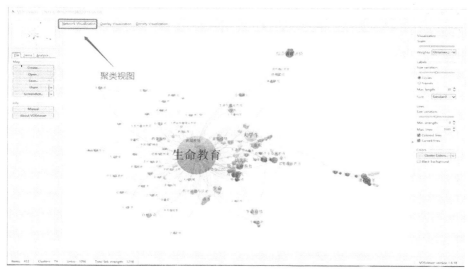

图 2-1-32　聚类视图展示

（2）标签视图

标签视图：该视图的特点是用户可根据自己的研究需要，通过 map file 文件中的 score 或颜色（红、绿、蓝）字段对节点赋予不同的颜色。默认按关键词的平均年份取 score 值进行颜色映射，即可进行领域内研究趋势的演变分析。

如图 2-1-33 所示，右下角为颜色条，不同的颜色对应不同的年份，可从标签视图中直观地看出不同年份对应的研究是哪些，以及研究的变化趋势。

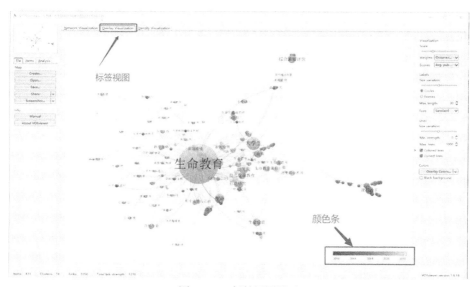

图 2-1-33　标签视图展示

（3）密度视图

密度视图：图谱上每一点会根据该点周围元素的密度来填充颜色，密度越大，越接近红色；反之，越小越接近蓝色。密度视图可用来快速观察某一重要领域知识及研究密度的情况。颜色越亮，则该研究密度越大，研究价值和研究热度就越高。

（二）基于 VOSviewer 的论文示例

如在《我国研究生教育评价研究：回顾与展望》[①]一文中，作者借助 VOSviewer 绘制研究生教育评价研究主题密度图谱，可较直观地辨析研究热点。从图 2-1-34 中可知，"研究生教育""教育质量""研究生教育质量""教育评估""专业学位""评价主体""指标体系"等关键词的研究热度较高，这表明研究既侧重于研究生教育评价的质量维度，注重分析多元评价主体之间的权责边界、互动关系及参与路径，又探索评价指标体系构建方面的内容。再如在论文《国际创业型大学研究现状、热点及启示——基于 WOS 核心集的 VOSviewer 分析》[②]中，作者运用 VOSviewer 软件分析了 2005—2021 年在 Web of Science 核心集数据库上发表的 409 篇以创业型大学为主题的文献。从图 2-1-35 中可看出，美国与英国在创业型大学研究方面的高水平成果数量多，且被引次数远超其他国家，显示其影响力和国际合作的重要性。目前，创业型大学研究领域已形成以美国、英国、意大利、德国为中心的四大国际学术圈。

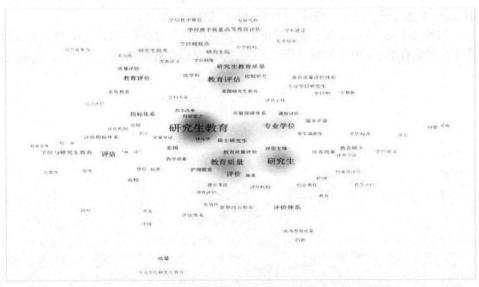

图 2-1-34　1986—2021 年研究生教育评价研究主题密度图谱

① 王超，郑虹，丁义浩，等. 我国研究生教育评价研究：回顾与展望[J]. 现代教育管理，2022（6）：82-89.

② 付八军，王佳桐. 国际创业型大学研究现状、热点及启示——基于 WOS 核心集的 VOSviewer 分析[J]. 杭州师范大学学报（社会科学版），2021，43（5）：51-61.

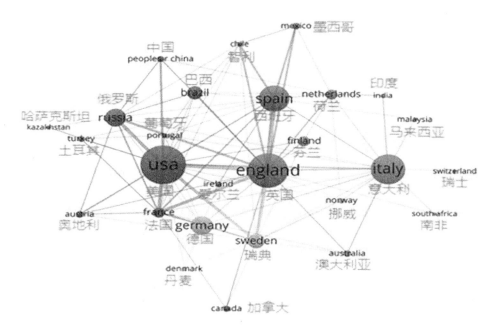

图 2-1-35 国际创业型大学研究国家分布科学知识图谱

例如，在论文《国际 STEAM 教师研究的热点与发展趋势——基于 VOSviewer 的文献计量分析》[①]中，作者运用 VOSviewer 软件检索分析从 2000—2019 年在 Web of Science 核心集数据库上发表的 184 篇题名同时包含"STEM（或 STEAM）"和 "teacher"，或同时包含"science""technology""engineering""mathematics" "teacher"的英文文献（图 2-1-36）。基于国际 STEAM 教师研究的关键词共现分析，研究者确定了国际 STEAM 教师研究的热点，主要包括推动多维 STEAM 教师专业发展、培养优质的 STEAM 教师教育、内生发展的 STEAM 教师观念、提升学生素养的 STEAM 项目式学习四个方面。

以上便是 VOSviewer 的操作流程及论文示例。通过实例分析可知，VOSviewer 能帮助研究者系统地掌握相关研究领域的整体概况，还能实时追踪最新的科研进展。通过 VOSviewer，研究者可以详细了解特定国家在该领域的研究动态，洞察各研究机构的分布和实力，以及识别出关键研究人员和文献。此外，它还能发现主流学术群体及其代表人物，准确识别出核心技术领域和热点问题，为科研项目的选择和研究方向的确定提供重要参考。通过直观的可视化图像，VOSviewer 将复杂的科研数据转化为易于理解的图表，为研究者提供有力支持，促进科学研究的深入开展。

---

① 张楠，宋乃庆，黄新，等. 国际 STEAM 教师研究的热点与发展趋势——基于 VOSviewer 的文献计量分析[J]. 开放教育研究，2020，26（5）：78-87.

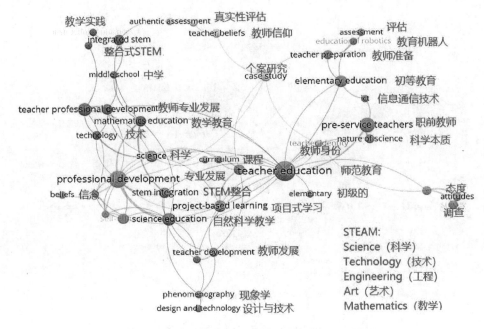

图 2-1-36   国际 STEAM 教师研究的关键词共现分析

三、CitNetExplorer 操作与学术论文示例

（一）CitNetExplorer 的基本操作

1. 软件简介

CitNetExplorer 是莱顿大学科学技术研究中心（The Centre for Science and Technology Studies，CWTS）研发的科学文献引文网络图谱分析软件，继 VOSViewer 之后推出。该软件能够处理庞大的引文网络、梳理数百万文献和其中的引文关系，并围绕某个具体的研究主题进行深度引文网络探索，揭示该领域科学文献的演化情况。

CitNetExplorer 的功能主要包括四种：①可视化某个研究领域最重要的文献及其之间的引用关系。②通过识别文献间的引用关系，描绘该研究领域引文网络的特征。③探索某个研究领域的所有文献，将特定研究者的文献引文网络可视化，展示其著作对其他研究者文献的影响。④利用 CitNetExplorer 软件识别特定文献的被引或施引文献群，促进文献的系统化整理，便于撰写综述。

启动 CitNetExplorer 软件，可得图 2-1-37 所示的用户界面示意图。其中有四个主要面板：现有网络面板（current network panel）、选择参数面板（selection parameters panel）、可视化面板（visualization panel）和信息面板（information panel）。

图2-1-37　CitNetExplorer用户界面示意图

（1）现有网络面板

现有网络面板显示文献的总数和引文网络中引用关系的数量。当鼠标移动到某个文献时，一些书目信息会显示在信息面板中。例如，作者：zahra，sa（扎哈拉·萨）；题目"Predictors and financial outcomes of corporate entrepreneurship：An exploratory study"（《合作创业的预测因素和财务结果：探索性研究》）；来源：Journal of Business Venturing（《商业冒险杂志》）；年份：1991；引用分值：125。

（2）选择参数面板

选择参数面板包含三个选项：选择、文献和加入中介文献。在选择选项卡中，有三种可以选择现有网络中文献的方法：第一种，根据已标记的关键文献选择；第二种，选择固定时期内的所有文献；第三种，选择被分配到固定群组的文献。文献选项卡则提供四种在已标记的文献网络中选择文献的方法。其中包括仅选择已标记的文献，以及同时选择已标记的文献及其被引文献、施引文献，或两者都选。如果选择加入中介文献选项，则两个选择中的文献之间的中介文献也包含在内。

（3）可视化面板

可视化面板用于展示引文网络和文献。导入 Web of　Science 的数据文件后，将呈现引文网络图谱。在引文网络中，每个圆圈代表一篇文献，标注有第一作者的姓氏。为防标签重叠，部分标签可能隐藏。默认仅显示引用频次最高的 40 篇文献。文献的水平坐标基于与其他文献的引用关系，垂直坐标则根据出版年份确定。圆圈与圆圈之间的曲线代表引用关系，通常向上指向被引的文献。可通过鼠标轮或鼠标右键放大引文网络，左键滚动，可同时选择性使用导航面板。可视化面板中还包含文献列表，允许按作者名、文章题目、来源、首年、末年、最小引文分值、最大引文分值和群组等标签查询或清除文献。输入标签后，列表将展示文献信息，包括作者、题目、来源、年份和引文分值等。可展示所有文献或仅展示被选择或标记文献。文献列表底部有四个选项卡，即标记文献、取消标记文献、标记所有文献和取消标记所有文献，可根据需求进行相应的操作。

（4）信息面板

信息面板主要用来展示某个文献的详细信息。当用户将鼠标移动到可视化面板上的某个文献时，相应的文献信息将会展现在信息面板中。

启动 CitNetExplorer 后的界面如图 2-1-38 所示。一级菜单栏主要有：

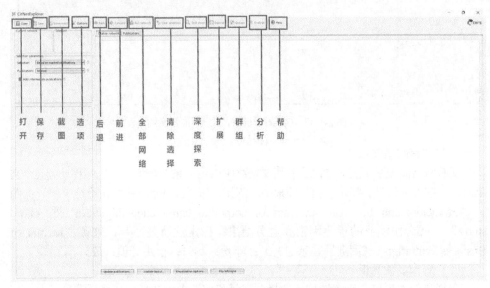

图 2-1-38　CitNetExplorer 主要菜单栏

打开，主要功能是读取从数据库中获取的数据。

保存，主要功能是保存可视化面板中的引文网络与文献。

截图，主要功能是允许研究人员根据需要截取可视化面板中引文网络的图谱。

选项，选项菜单栏中包含两个二级菜单栏，即引文分值和群组颜色。

后退，主要功能是用于引文网络和核心文献等分析中子网络图谱的切换，类似网页浏览器中的后退选项。

前进，主要功能是用于引文网络和核心文献等分析过程中的子网络图谱的切换，类似于网页浏览器中的前进选项。

全部网络，主要功能是恢复到初始的引文网络，即恢复到没有通过各种条件识别出的局部网络或者扩展后的网络。

清除选择，主要功能是用于清除可视化面板中对引文网络的一些操作。

深度探索，主要功能是局部深度分析引文网络。

扩展，主要功能是用于现有网络的扩展。

群组，群组菜单栏中有取消群组（undo groups）、重建群组（redo groups）、清除所有群组（clear all groups）、分配文献到群组（assign publications to group）、从群组中去除文献（remove publications from group）、输入群组（import groups）和输出群组（export groups）七个选项。

分析，分析菜单栏中有连接成分（connected components）、聚类（clustering）、核心文献（core publications）、最短路径（shortest path）和最长路径（longest path）五个选项。

帮助，主要功能是用于帮助用户更好地了解 CitNetExplorer 软件，有关于软件开发的介绍，用户手册和检查更新等。

2. 软件操作

（1）绘制图谱

首先，可视化图谱。若直接从 Web of Science 中获取未经处理的原始数据，则在操作引文网络对话框时，应选定 Web of Science 文档，并取消勾选未匹配引文参考文献。这样一来，那些题目、摘要与关键词中未提及创业的文献将不会被纳入引文网络中。随后，单击"OK"，即可生成所需的引文网络可视化图谱。

其次，可视化文献。在 CitNetExplorer 可视化面板中，存在两个主要面板：引文网络面板和文献面板。面板中标签的排列是按照文献间的引用和被引用关系，以及出版的年份决定的。具体来说，一个文献在网络图中的横坐标位置取决于它与其他文献的引用关系紧密程度，而纵坐标则反映了文献的出版年份。文献之间的曲线直观地展示了它们之间的引用关系。在现有网络面板中，展示文献的总数为 420 篇，引文链接总共有 894 个，时间段为 2007—2013 年（图 2-1-39）。在信息面板中会显示文献的数目信息。例如，将光标放在"zahra"这个圆圈上，信息面板中就会显示作者："zahra，sa"；题目："Predictors and financial outcomes of corporate entrepreneurship: An exploratory study"；来源：Journal of Business Venturing；年份：1991；引用分值：125。

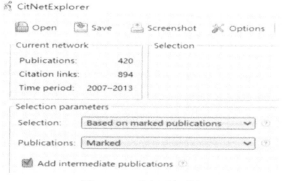

图 2-1-39　现有网络面板

（2）深度挖掘

深度挖掘就是精减引文网络中已选文献的数量，以便更清晰地分析网络关系。在可视化面板中构建科学文献的引用关系整体网络时，尽管可以隐藏重叠的标签，但仍有部分文献因标签过于紧凑而无法准确辨识其引用关系。此时，深度挖掘功能就显得尤为重要，它能够帮助我们深入分析局部子网络的引文网络。如图 2-1-40，选择左侧框里的任何一选项，然后单击"Drill down"按钮，即可得到结果。通过深度挖掘，可以更加细致、精确地识别科学文献之间的引用关系，尤其是对于引文网络中比较密集的地区。此外，它还可以深度挖掘被标记和被选择文献之间的子网络的引用关系，从而更全面地理解文献间的相互关联和影响。

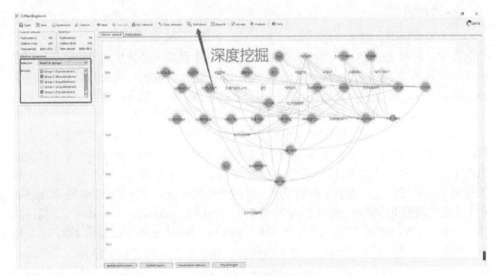

图 2-1-40　深度挖掘

（3）拓展文献

和深度挖掘功能相反，CitNetExplorer 软件的扩展功能旨在增加引文网络中的文献数量。要使用此功能，首先需单击扩展菜单栏，待弹出"扩展现有网络"对话框后，在文献选项中选择"被引文献"和"施引文献"选项，接着，将最小引文链接设置为 2，确认最大距离的值设置为 1，同时务必取消选择"加入中介文献"选项，以免引入不必要的文献。完成上述设置后，单击"OK"选项，便会显示出结果。可以观察到，现有的子网络已被成功扩展，扩展后的网络中包含了原始网络中文献的被引文献和施引文献，这有助于更全面地了解与研究主题相关的文献之间的引文关系，从而深化对研究领域的认识。

（4）聚类分析

聚类位于分析菜单栏中，科学文献的聚类是根据它们之间的引用关系进行的，同一聚类内的文献联系更为紧密。在聚类菜单栏中，包含聚类参数面板和优化参数面板。在聚类参数面板中，分辨率参数用于确定聚类的细节水平，参数值越大，意味着聚类的划分越细致，从而得到的聚类数量也越多。分辨率的默认值是 1，最小聚类的默认值是 10，但这两个参数都可以根据研究实际需要灵活调整。此外，聚类参数面板还提供了"合并小聚类"选项。当选择该选项时，那些文献数量低于最小聚类的聚类将会尽可能地与其他聚类合并，以确保聚类的有效性和意义。如果不选择该选项，则小聚类将被直接丢弃，其中的文献将不会被分配到任何聚类中。CitNetExplorer 软件中的聚类算法通常能够识别相对较大且重要的聚类，同时也可以识别更多较小的聚类。不过，小的聚类（如只包含一两个文献）在很多情况下价值有限，所以 CitNetExplorer 允许用户设定最小的聚类。当聚类的大小低于这个设定值时，可以选择丢弃它们，或者尝试将它们与其他聚类合并，以提高聚类的整体质量和有用性。

以出版物《信息计量学杂志》（*Journal of Informetrics*）在 2007 年 1 月 1 日至 2013 年 12 月 31 日期间所刊载的期刊为例（图 2-1-41）。当我们设置分辨率为 1、最小聚类为 10 时，系统根据这些期刊之间的引用关系自动将它们聚类成 9 个主要的聚类。值得注意的是，仍有 85 篇文献未能被归入这 9 个聚类之中，这可能是因为这些文献的引用关系相对较为分散，或者与其他文献的引用联系不够紧密，导致它们无法被有效地归入任何一个聚类中，这也反映了学科领域的多样性和复杂性。

聚类分析是一种有效的工具，它可以有条件地将引文网络中的文献分配到相应的群组中，并使用不同的颜色来标识每一个群组。这些群组之间并不是孤立的，而是与已经识别出的总体群组中的其他群组存在相应的关联。如图 2-1-42 所示，通过单击

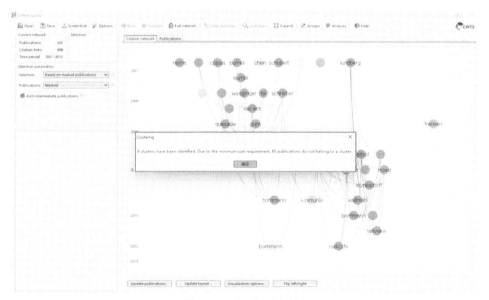

图 2-1-41　聚类分析示例

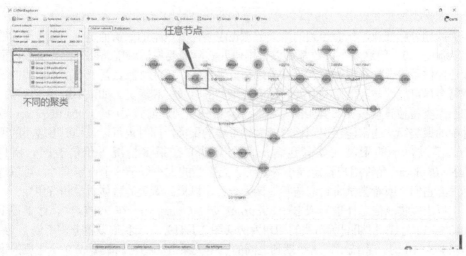

图 2-1-42　群组

界面左侧栏中的"基于群组"选项，我们可以方便地调出并查看不同的群组，左侧框内表示不同的聚类类型，单击不同聚类中任意一个节点，系统可以对该聚类的文献进行有针对性的深度挖掘分析。

（5）识别核心出版物

核心出版物是指那些与其他出版物建立了一定数量的引文关系，并且在学术领域中拥有较高被引用频率的出版物。识别核心出版物对于了解学科领域的重要研究成果和发展趋势具有重要意义。下面介绍如何识别核心出版物。

首先单击菜单"Analysis"一栏，选中核心出版物（图 2-1-43）。

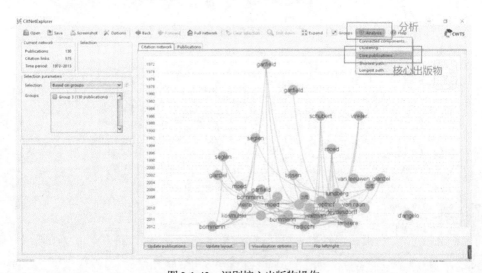

图 2-1-43　识别核心出版物操作

　　我们可以根据研究的具体需求设定每一个节点与其他节点之间引用关系的最小值，此处将这一数值设置为 6，为核心出版物标记统一颜色，最终共得到 68 份核心出版物（图 2-1-44）。

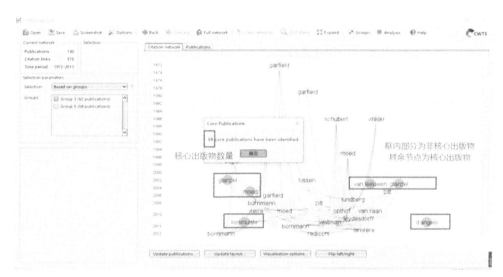

图 2-1-44　识别核心出版物结果

　　我们仍可以进一步对识别出的核心出版物进行深度挖掘。首先，在软件界面中选中菜单中的"Analysis"功能（图 2-1-45）。

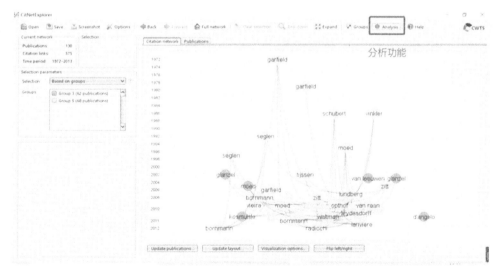

图 2-1-45　分析

接着，在左侧的信息框中勾选出之前标记为核心出版物的组群（如果选取核心出版物为黄色，则勾选黄色组群），完成勾选后，单击菜单栏中的"Drill down"（深度挖掘）选项（图2-1-46）。

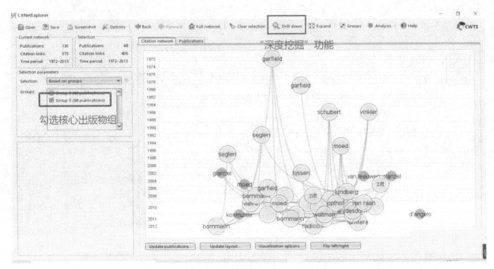

图2-1-46　深度挖掘核心出版物

通过执行上述步骤，软件将对所选的核心出版物组群进行深度挖掘，分析它们之间的引用关系、研究主题、关键作者等更深层次的信息。最终，我们便完成了对核心出版物的识别，并获得了其深度挖掘的结果（图2-1-47）。

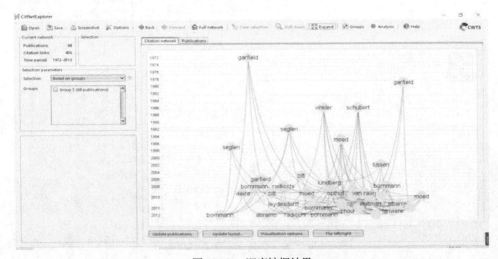

图2-1-47　深度挖掘结果

（6）识别最长路径

CitNetExplorer 软件能精准识别两个文献间引文路径上的所有文献，用户只需设定最长或最短路径参数，系统将识别符合条件的文献，并可分配到新群组或已有群组。设置完成后，单击"OK"，即可迅速识别出多个最短或最长路径长度为某个特定值的引文文献。具体操作步骤如下：

首先，选择两个特定的节点作为研究对象，如图 2-1-48 中方框中的"lundberg"和"radicchi"。这两个节点可能是我们感兴趣的作者或者关键文献，我们希望通过分析它们之间的引文路径来深入了解学科领域内的知识流动和学术影响。

其次，在菜单栏的"Analysis"选项中找到"Longest path"，如图 2-1-49。

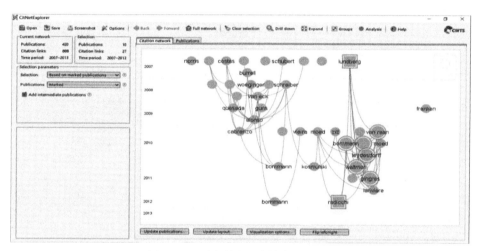

图 2-1-48 选择特定节点作为研究对象

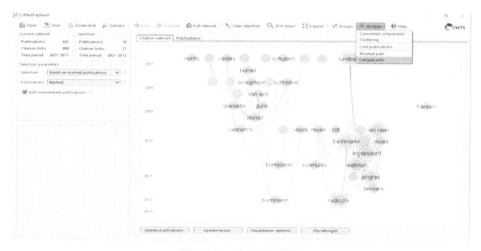

图 2-1-49 选择最长路径

    然后，出现如图 2-1-50 的界面。在这个界面中可以确认或修改起始节点和终止节点，以及其他相关参数。确认无误后，单击"OK"进行最长路径分析。分析完成后软件会生成新的群组，然后多个长度为 7 的最长路径被识别出来（图 2-1-51）。最后，在左侧面板中选择新生成的集群，同样可以进行深度挖掘（图 2-1-52），进而得到仅显示最长路径的网络（图 2-1-53）。

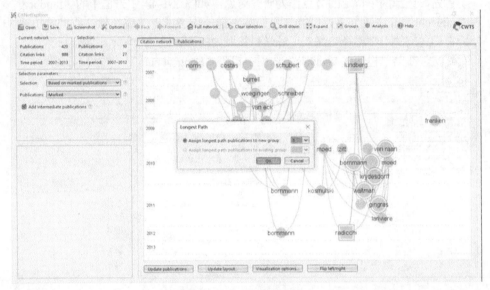

图 2-1-50　最长路径分析

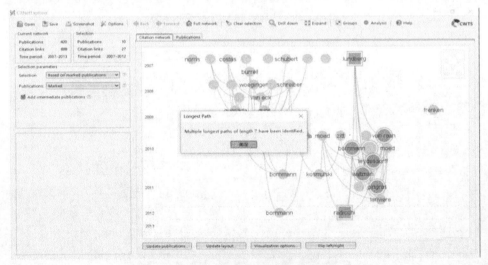

图 2-1-51　最长路径分析结果

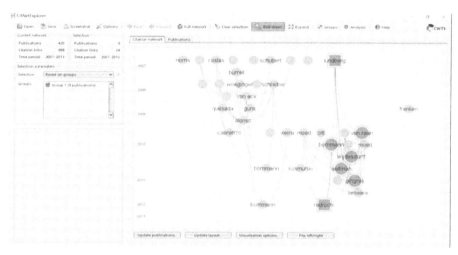

图 2-1-52　深度挖掘

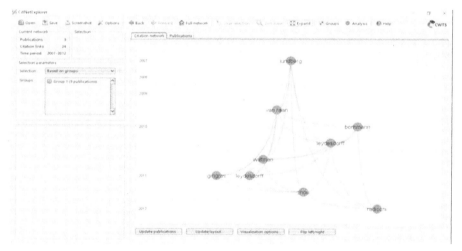

图 2-1-53　最长路径网络

（7）识别最短路径

识别最短路径分析和识别最长路径的操作步骤类似，首先选择两个节点作为研究对象，如图 2-1-54 方框中的"lundberg"和"radicchi"，然后在菜单栏的"Analysis"选项中找到"Shorest path"。然后，单击"OK"进行最短路径分析，同样软件会生成一个新的群组，然后多个长度为 1 的最短路径被识别出来（图 2-1-55 和图 2-1-56）。随后，在左侧面板中，我们选择新生成的群组，利用软件的深度挖掘功能对该群组进行进一步的分析（图 2-1-57），进而得到仅显示最短路径的网络（图 2-1-58）。

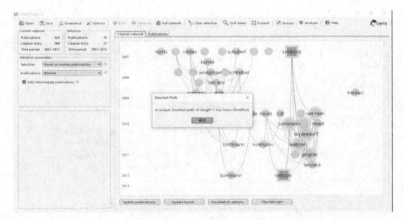

图 2-1-54　选择最短路径

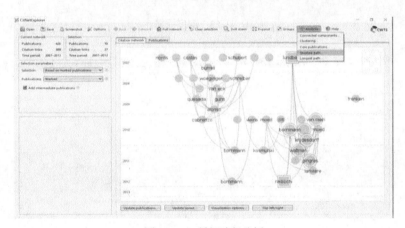

图 2-1-55　最短路径分析

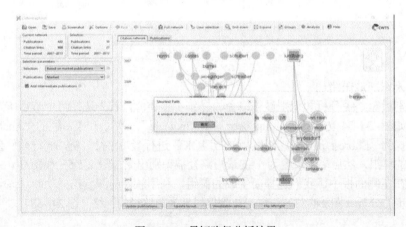

图 2-1-56　最短路径分析结果

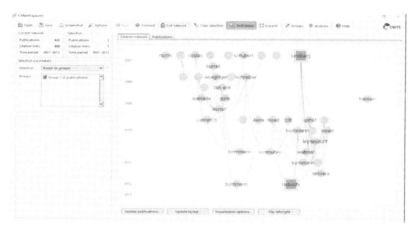

图 2-1-57　深度挖掘

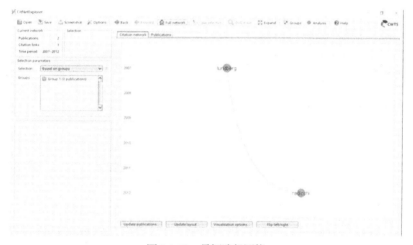

图 2-1-58　最短路径网络

（二）基于 CitNetExplorer 的论文示例

以《维特根斯坦语言游戏论研究回顾与展望》为例[①]，该文基于 SSCI 和 A&HCI 数据库，借助 CitNetExplorer 软件，对 1983—2023 年的 505 篇语言游戏论相关研究文献进行考察，追踪语言游戏论研究热点话题。

该研究首先在 SSCI 和 A&HCI 数据库中，以"language game*"为主题进行文献检索，限定文献类型为"Article"，语种为"English"，检索范围为 1983—2023 年，数据检索截至 2023 年 3 月 27 日，在剔除明显不相关文献后，共获得 505 篇有效文献。为追踪语言游戏论研究热点话题，该研究将语言游戏论相关研究的 505 条

① 钟子龙. 维特根斯坦语言游戏论研究回顾与展望[J]. 辽东学院学报（社会科学版），2023，25（5）：57-63.

文献数据导入 CitNetExplorer 软件，合并相关集群后形成三大聚类（图 2-1-59）。图谱中每一个节点代表一篇文献，节点之间的连线表示文献之间的引用关系；文献的发表年份决定其在图谱中的垂直位置，文献之间的引用频次决定节点之间的水平位置；每个节点的标签是该篇文献第一作者的姓氏。聚类结果显示，语言游戏论研究集中探讨三个方面的话题，分别是语言游戏论在语言哲学领域的影响、在语言学领域的应用以及在认知科学领域的研究。由此可见，"语言游戏论"这一概念不仅推动了当代语言哲学的发展，同时也在语言学和认知科学领域产生了深远影响。

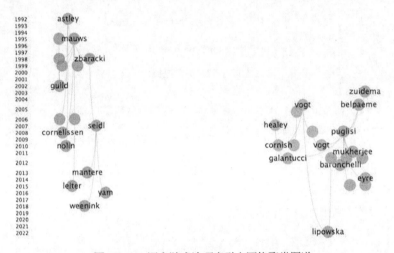

图 2-1-59 语言游戏论研究引文网络聚类图谱

第二节 撰写元分析类论文：学会元分析研究工具

学会使用元分析研究工具，熟练撰写元分析类论文，是研究者在研究领域中进行系统性综合分析必备的重要技能。元分析作为一种强大的研究方法，能够通过整合和比较多个独立研究的结果，揭示出潜在的模式和关联。研究者在撰写元分析类论文时，需要运用适当的元分析工具，如 CMA 等，来收集、整合、统计分析不同研究的数据。这不仅要求研究者在统计学和数据分析方面具备一定的专业知识，还需要具备较高的批判性思维和分析能力，以确保元分析的可靠性和准确性。

撰写元分析类论文，需要注重问题的界定、数据的筛选和分析、结果的解释等方面，要在全面理解已有研究的基础上，形成有力的结论和推断。元分析类工具能帮助研究者从大量研究中提取有意义信息，为研究领域的深入发展和决策制定提供有力的支持。下文介绍 CMA 元分析软件的操作及其学术论文示例。

一、CMA 操作与学术论文示例

如果研究结论保持一致，元分析可验证这些研究的共同效应；如果研究结论有差异，元分析则用于验证产生差异的原因。CMA 的功能可分为三大板块——录入数据、运行分析和生成视图。

（一）CMA 基本操作

1. 录入数据

运用 CMA 进行元分析前需要将数据录入。打开 CMA 软件，并选择打开一个空白表格，单击确定，进入操作页面，此时会弹出一个导航窗口，用户可以根据导航提示快速掌握 CMA 基本操作。接下来插入一列研究名称，依次单击"Insert"→"Column for"→"Study names"，即可插入自定义的研究名称。插入完成后，对研究内容进行数据创建，即单击"Insert"→"Column for"→"Effect size data"。双击"Next"会出现选择数据格式（图 2-2-1）窗口，这里的层级分别表示两组（事件数）、不匹配组和前瞻性数据（如对照实验、队列研究），以及每组的事件和样本量。

单击"Finish"可以给这些组命名。组名称输入完成后单击"OK"，此时即完成了表格的基本设置。接下来就可以将初步研究的数据输入到第一行中。剩余数据可以手动输入，也可以将所要研究的数据保存为 cma 格式，然后从"Files"菜单栏打开保存的数据副本即可。当我们在输入了四列数值之后，双击后四列的任意值即可知道数据是如何自动计算出来的（图 2-2-2）。

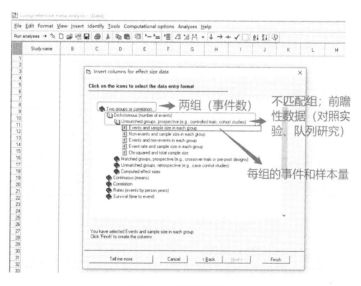

图 2-2-1　选择数据格式

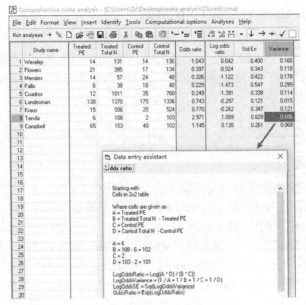

图 2-2-2　数据是如何计算出来的

2. 录入多格式数据

输入多种格式的数据，就需要插入一组额外的列来适应这种新的数据格式。这里先把 Tervilla 和 Campbell 从数据集中删除，以便用新的格式将它们重新输入。通过跳出的对话框，依次单击"Insert→Column for→Effect size data"。接着就会呈现这样一个对话框（图 2-2-3）［注：框里表示的是现有的格式（事件和样本量）］。

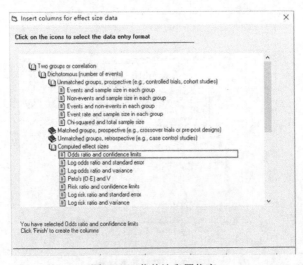

图 2-2-3　优势比和置信度

按顺序依次单击 "Dichotomous（number of events）→Computed effect sizes→Odds ratio and confidence limits→Finish"，数据界面就变成图 2-2-4。

	Study name	Data format	Odds ratio	Lower Limit	Upper Limit	Confidence level	Odds ratio	Log odds ratio	Std Err	Variance	Risk ratio	K
1	Weseley	Cohort 2×2					1.043	0.042	0.400	0.160	1.038	
2	Flowers	Cohort 2×2					0.397	-0.924	0.343	0.118	0.430	
3	Menzies	Cohort 2×2					0.326	-1.122	0.422	0.178	0.491	
4	Fallis	Cohort 2×2					0.229	-1.473	0.547	0.299	0.351	
5	Cuadros	Cohort 2×2					0.249	-1.391	0.338	0.114	0.258	
6	Landesman	Cohort 2×2					0.743	-0.297	0.121	0.015	0.769	
7	Kraus	Cohort 2×2					0.770	-0.262	0.347	0.121	0.777	
8												
9												
10												

图 2-2-4　综合数据分析

在屏幕的左下角有关于队列 2×2（事件）和比值比的标签。可以单击这两个标签，在两种格式之间进行切换，如图 2-2-5 所示。

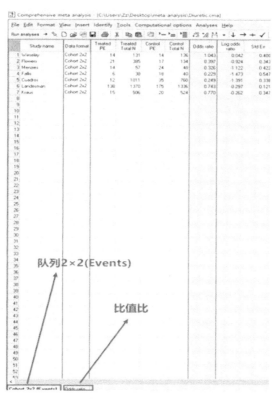

图 2-2-5　队列和比值比

　　为这两个研究输入如下数据（图 2-2-6）。注意：不要在标有"Data format"（数据格式）的列中输入任何内容。研究名称：Tervila，Odds ratio：2.971，Lower Limit：0.586，Upper Limit：15.068，Confidence level：0.950。研究名称：Campbell，Odds ratio：1.145，Lower Limit：0.687，Upper Limit：1.908，Confidence level：0.950。

Comprehensive meta analysis - [C:\Users\Zz\Desktop\meta-analysis\Diuretic.cma]

File　Edit　Format　View　Insert　Identify　Tools　Computational options　Analyses　Help

Run analyses　→　✎　◻　☞　☶　🖫　🖨　✂　🖹　🖺　🗐　'–'='　'≣　⅜⅛　⅔⅙　➡️　▾　↓　→　+　✓　◻　↕↓　↓↕　①

	Study name	Data format	Odds ratio	Lower Limit	Upper Limit	Confidence level	Odds ratio	Log odds ratio	Std Err	Variance	K
1	Weseley	Cohort 2x2 (Events)					1.043	0.042	0.400	0.160	
2	Flowers	Cohort 2x2 (Events)					0.397	-0.924	0.343	0.118	
3	Menzies	Cohort 2x2 (Events)					0.326	-1.122	0.422	0.178	
4	Fallis	Cohort 2x2 (Events)					0.229	-1.473	0.547	0.299	
5	Cuadros	Cohort 2x2 (Events)					0.249	-1.391	0.338	0.114	
6	Landesman	Cohort 2x2 (Events)					0.743	-0.297	0.121	0.015	
7	Kraus	Cohort 2x2 (Events)					0.770	-0.262	0.347	0.121	
8	Tervila	Odds ratio	2.971	0.586	15.068	0.950	2.971	1.089	0.828	0.686	
9	Campbell	Odds ratio	1.145	0.687	1.908	0.950	1.145	0.135	0.261	0.068	
10											
11											

图 2-2-6　显示数据输入格式

　　这里只显示了这两个研究的数据，如果想要查看所有数据，用鼠标右键单击白色列（如比值比列），并选择显示所有数据输入格式，然后所有数据就会显示。若要返回至正常模式，则同样用右键单击白色列，选择"Show only current data entry format"，表示仅显示当前数据输入格式。插入额外变量列（图 2-2-7）。第一个未使用的列是 K，双击该列标题，会显示一个对话框，输入列名称，指定列为调节变量"Moderator"，选择"Categorical"（类别）、"Integer"（整数）或者"Decimal"（小数）。在本例中，为"研究质量"创建一个列，并将其定义为一个类别调节变量（调节变量是一个可以进行疗效估计的研究变量）。至此，"研究质量"列就创建好了。

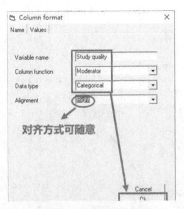

图 2-2-7　插入额外变量

3. 分析数据

如何显示每个研究的权重呢？具体步骤如下：

首先，单击"Run analysis"后，在分析窗口的工具栏中单击"Show weights"就会显示权重列，再次单击则关闭。

接下来选择查看其他指标。在工具栏中，选择"Risk ratio"，然后选择"Log odds ratio"，再选择"Odds ratio"即可返回至默认界面。查看统计数据的详细信息。直接单击"Next table"，或者单击"View"→Meta-analysis statistics 可查看统计数据的详细信息。这个表中不仅有附加的统计信息，还包括异质性等相关信息。再次单击"Next table"则返回至分析界面。

最后选择计算模型，在屏幕的左下角可以看到有"Fixed""Random""Both"标签，分别表示固定效应模型、随机效应模型和两者都呈现。只保留那些我们想要在高分辨率绘图中使用到的列（因为列最少，森林图显示出的视觉效果就更好），所以可以先把权重显示关闭，右键单击比值比列，并选择"Customize basic stats"（图2-2-8），再把"Z-Value"和"p-Value"取消勾选，结果如图2-2-9所示。

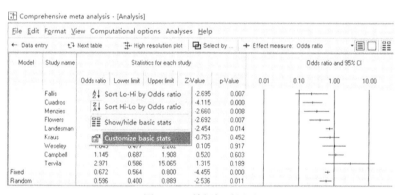

图 2-2-8　关闭权重显示

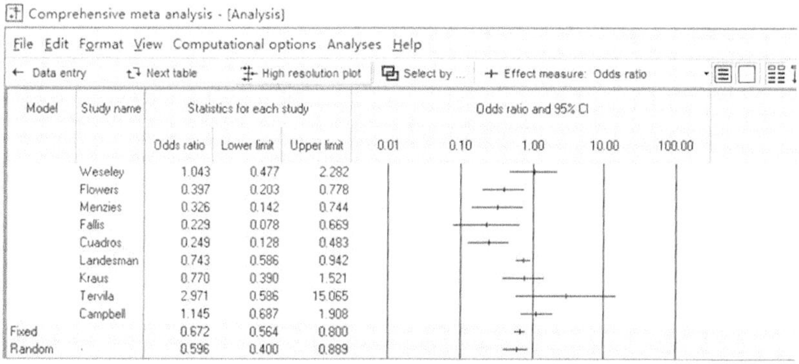

图 2-2-9　结果显示

4. 生成视图

单击工具栏上的"High resolution plot"（图2-2-10），之后生成高分辨率图。

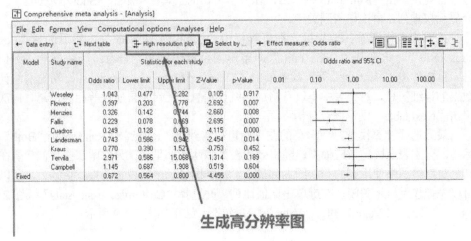

图 2-2-10　生成高分辨率图

5. 修改视图

单击"High resolution plot"，显示高分辨率草图，我们可以根据需要进一步进行修改。以修改标题为例，在标题位置单击右键即可进行修改，输入正确标题之后单击"Apply"即可应用新标题；调整大小和颜色，同样也是单击右键，调用颜色和字号工具栏，选择合适的颜色和字号，单击"确定"即可修改。

6. 导出视图

确定生成的高分辨率图无误之后，在工具栏找到"File"，可以根据需要将高分辨率图导出至 Word 或者 PPT。

（二）基于 CMA 的学术论文示例

基于以上对 CMA 的内涵和功能的认识，对《基于元分析的在线学习用户使用行为研究》一文中 CMA 软件的应用展开分析[①]。

1. 选用 CMA

通过文献调研发现[②]，在"在线学习用户使用行为"这一相关研究中，国内外不同学者间观点存在差异，主要体现在两个方面：一是同一因素在不同研究中的实证结

① 王建亚，牛晓蓉，万莉. 基于元分析的在线学习用户使用行为研究[J]. 现代情报，2020，40（1）：58-68.
② 王建亚，牛晓蓉，万莉. 基于元分析的在线学习用户使用行为研究[J]. 现代情报，2020，40（1）：58-68.

论不同；二是不同研究中学者验证的因素有差异。这些差异的产生可能是由学者研究视角、理论模型、调研背景、研究时间、调查样本等的差异造成的。另外，很少有学者采用定量的方式对在线学习用户行为研究结论进行整合。因此，作者选择用 CMA 研究工具对在线学习用户行为研究结论进行整合。

2. 数据分析

为保证文献的查全率，使用关键词在多个中英文数据库中进行检索，最终获得相关文献 473 篇。在对文献进行筛选和剔除后，最终获得 64 篇符合条件的文献。随后利用 CMA 软件进行文献编码工作，主要包括文献内容抽取和确定统一效应量两部分。文献内容抽取分为文献基本信息和定量数据抽取。文献基本信息包括作者、年限、主题、出版来源等，定量数据抽取主要是抽取元分析的效应值统计项，包括样本量、相关系数 r、T、p 等。

然后再借助 CMA 软件来开展定量分析，由于文献中提供的定量数据存在差异，大部分文献使用 r 作为效应值，少量未提供 r 值的文献需将统计量 T、p 等经过费舍尔转换得到效应值。异质性一般用 Q 和 I^2 统计量来检验，该研究中 Q 检验的结果显著（$p<0.05$），说明多个研究之间存在异质性；同时 I^2 的值大于 80%，表明各个影响因素的变异部分在总体效应值中所占比例较高。

效应值分析是分析各因素对用户使用在线学习平台的影响效应，该研究运用 CMA 软件进行自动分析得出其结果。在 27 个因素中，除服务质量和感知自主性未通过检验外，其他均通过检验。服务质量检验结果为 $Z=1.384$（$p=0.166$），感知自主性的检验结果为 $Z=1.213$（$p=0.225$），说明服务质量和感知自主性对在线学习的用户使用行为影响不显著。除计算机焦虑对用户的使用行为是负相关（$r=-0.324$，$p<0.001$），其余影响因素对用户的使用行为均是正相关。

接着，作者又根据 Cohen J[①] 提出的相关系数 r 强弱的判断准则将所有因素与在线学习用户使用行为的相关性进行分析汇总。最终得出以下结论：强相关的因素有 14 个，中度相关的因素有 11 个，没有出现弱相关的因素，说明学者对在线学习用户行为影响因素的选取相对比较集中，大部分呈现较强的相关性。

最后，由于偏倚的存在会对元分析的结果产生较大影响，甚至可能导致结论出现偏差，因此在现有元分析的文献中，学者们借助多种技术相结合的方式来判断是否存在发表偏倚。使用 CMA 软件执行发表偏倚检测，得出该研究元分析不受出版偏倚的影响的结论。

3. 研究结论

该研究采用严谨的元分析方法，深入探讨了在线学习用户的使用行为，并精准地将影响因素归类为三大部分：促进因素、障碍因素以及无显著相关因素。在促进因素

---

① Cohen J. Statistical Power Analysis for the Behavioral Sciences[M]. Mahwah：Lawrence Erlbaum Associates，1977.

中，用户的使用态度被明确识别为最具影响力的要素，它直接决定了用户对于在线学习的参与度和投入度。计算机焦虑则被识别为显著的障碍因素，它在一定程度上限制了用户充分利用在线学习资源的意愿和能力。值得注意的是，尽管服务质量、感知自主性等因素在多数研究中被提及，但在此次元分析中并未显示出明显的相关性。

为了确保研究的全面性和准确性，该文章采用了 CMA 软件作为分析工具。通过 CMA 软件，研究者能够系统地整合和分析已有的在线学习用户使用行为的实证研究结论，有效消除不同研究间的差异和偏见，最终得出更为普遍、客观的在线学习用户行为研究结论，为在线学习的进一步发展提供有力支持。

二、元分析类学术论文典型范例

元分析是以综合已有的发现为目的，对单个研究结果进行综合的统计学分析方法，也称为"典型或定量元分析"。定量地综合某一领域的各项研究成果，一直是科学研究发展的重要目标之一。虽然早已有研究者尝试对各项在方法、被试、程序、统计等诸多不同方面的研究进行分析和综合，但这类分析和综合大多为描述性质，无法给出一个定量的结论。元分析在定性分析的基础上引入了定量分析方法，能够在定量层面上综合各项独立研究的成果，从而形成结论。越来越多的研究者已经开始从传统的文字综述方法转向使用元分析这种对研究进行定量综合的方法。

表 2-2-1 列出三篇元分析类论文优秀范例，从文章使用元分析的原因、文章对元分析方法的运用和运用元分析方法的结果讨论与结论分析三个方面展开对元分析文章的剖析，以供读者参考。

表 2-2-1 元分析类论文优秀范例及分析表

优秀范例	文章使用元分析的原因	文章元分析方法的运用	运用元分析方法的结果讨论与结论分析
《人工智能技术对学生学习效果的影响研究——基于 2010 至 2022 年 40 项实验与准实验的元分析》[①]	对 2010—2022 年国际权威数据库中关于人工智能影响学生学习效果的实证研究文献进行筛选并分析，探究人工智能技术对学生学习效果的潜在影响与基本特征	论文先对研究问题进行界定，然后对文献进行筛选和编码，对 Web of Science、Springer Link、Science Direct 等国际权威文献数据库中 2010—2022 年发表的论文进行大范围交叉检索	该研究在分析时进行了发表偏倚检验以及异质性检验，以保证研究结果的可靠性和有效性。接着对人工智能对学生学习效果的整体效应检验、对人工智能技术对学生学习效果各维度的效果进行分析。结论：研究结果表明人工智能技术对学生学习效果影响的整体效应值达 0.845，说明人工智能技术能够积极促进学生的学习效果，不仅体现在认知层面，也体现在非认知层面；不同技术应用类型之间不存在显著差异，均能够有效提升学生的学习效果

---

① 胡德鑫，王耀荣. 人工智能技术对学生学习效果的影响研究——基于 2010 至 2022 年 40 项实验与准实验的元分析[J]. 天津大学学报（社会科学版），2022，24（6）：493-502.

续表

优秀范例	文章使用元分析的原因	文章元分析方法的运用	运用元分析方法的结果讨论与结论分析
《父母参与对我国中小学生学业成绩的影响——基于 29 篇定量研究的元分析》[1]	该研究采用元分析的方法，梳理我国有关父母参与对中小学生学业成绩影响的定量研究，并对研究结果进行整理、分析、评估，得出父母参与对学业成绩的影响程度	首先，文献搜集与选取：研究共进行了两轮文献检索，主要的文献来源为国内外文献的数据库，包括中文和英文两大类，检索的时间范围不限。其次，根据所要探讨的问题和感兴趣的研究内容对文献数据进行编码。该项研究的编码的内容包括作者、发表年份、样本数、父母参与形式、成绩评价工具、学段、学科以及学生身份	该研究的同质性检验结果显示，Q 值为 457.522（$p<0.001$），I^2的值是 92.79，说明有超过 92%的变异是由效应值的真实差异造成的，多个研究之间存在明显的异质性，所以采用随机效应模型。通过对效应值的分析，得出研究结论：父母参与对我国中小学生学业成绩有着中等程度的显著正向影响，即父母参与程度越高，子女学业成绩越好的可能性越大。文章对 2013—2022 年发表的 29 项关于我国父母参与对中小学生学业成绩影响的研究运用元分析的方法进行了量化分析，并深度剖析其影响效果在学段、学科、学生身份和成绩评价工具等调节变量上的差异，得出了相应的研究结论，发现了父母参与对我国中小学生学业成绩影响中的问题，并进一步提出了相关建议
《STEM 教学能提高学生创造力?——基于 42 项实验研究的元分析》[2]	采用元分析方法，以"STEM 教学对学生创造力的影响"为主题，对 2008—2018 年国内外 42 项实验研究文献进行量化统计	文献检索与编码：研究共进行了两轮文献检索，两位研究员对 42 个样本进行独立编码，Cohen's κ，$\alpha=0.92$，满足 0.7 的统计学要求，说明特征值编码结果有效	STEM 教学能整体提高学生的创造力，但对创新思维、创新实践能力及创新人格与心理不存在显著影响。学段、学科、教学周期、教学主题及教学场域等变量均对创造力培养效果有显著正向影响和明显的调节作用，但不同教学方式带来的差异不显著。基于元分析结果，STEM 教学应关注对认知负荷的控制，并充分利用学段、教学周期、教学主题及教学场域的调节作用提升绩效

① 童星. 父母参与对我国中小学生学业成绩的影响——基于 29 篇定量研究的元分析[J]. 基础教育，2022，19（4）：76-83.

② 周榕，李世瑾. STEM 教学能提高学生创造力?——基于 42 项实验研究的元分析[J]. 开放教育研究，2019，25（3）：60-71.

第 三 章

怎样撰写实证研究论文

　　撰写实证研究论文是一个系统且严谨的过程，应该明确自己要解决或探讨的问题，并且确保数据的可获得性和分析的可行性。

　　撰写实证研究论文要求研究者了解研究领域的前沿动态和已有成果，善于根据研究问题和数据特点选择合适的研究方法和研究工具，如 SPSS、Amos、SmartPLS 等。

　　本章将介绍实证研究论文中量化研究工具和质性研究工具的操作步骤，使读者清楚了解研究工作的对象和过程，帮助研究者撰写出高质量的实证研究论文，展现学术能力和科学精神。

第一节 撰写量化研究类论文：学会量化研究工具

熟练掌握量化研究工具，并娴熟地撰写量化研究类论文，是在学术领域进行数据驱动分析的重要技能。量化研究作为一种基于数据和统计分析的方法，能够揭示出变量之间的关系和趋势。在写量化研究类论文时，学者需要具备对数据的收集、整理和分析的能力，同时能够熟练运用统计分析软件来处理大量的数据。学会使用量化研究工具后，研究者能够更加准确地分析问题、验证假设，并从数据中提取出有意义的信息，同时对结果进行合理的解释和推断，以确保研究的可信度和实用性。通过运用适当的量化研究工具，研究者能够为学术研究和实践决策提供有力的支持和依据。下面介绍 SPSS、Amos、SmartPLS 这些常用的量化研究工具。

一、SPSS 操作与学术论文示例

（一）SPSS 软件简介

SPSS（Statistical Product and Service Solutions），即"社会科学统计软件包"，是全球三大统计分析软件之一，与 SAS 和 SYSTAT 齐名。它以图形菜单驱动界面，操作界面友好，输出结果美观。SPSS 通过集成的用户界面提供了多样的数据管理和分析功能，并以对话框形式呈现丰富的选项。因强大的统计分析能力、便捷的用户界面、灵活的表格报告和精美的图形展示，SPSS 深受统计分析人员喜爱。

1. 界面介绍

SPSS 基本界面包括：数据编辑窗口、结果输出窗口、对象编辑窗口、语法编辑窗口和脚本编写窗口。

（1）数据编辑窗口

数据编辑窗口（图 3-1-1）界面设计直观且功能丰富。顶部的菜单栏包含核心功能按钮，方便用户执行数据分析任务。常用工具栏提供快速访问常用功能的途径，提高操作效率。中心区域用于数据编辑和显示，支持数据输入、编辑和查看。底部的视图转换按钮实现数据视图与变量视图间的灵活切换，便于多角度分析。状态栏实时显示处理状态，提供及时反馈。

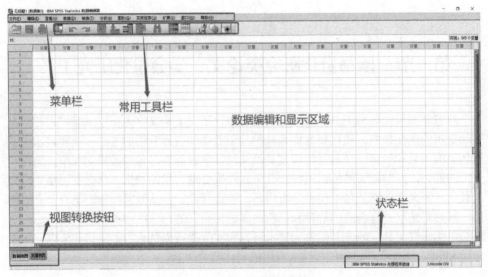

图 3-1-1　SPSS 的数据编辑窗口

（2）结果输出窗口

结果输出窗口（图 3-1-2）主要用于展示数据的统计分析结果或相关图表。窗口左侧设有导航窗口，清晰列出输出结果的目录结构。右侧则是对应的显示窗口，详细展示所选目录项的具体结果或图表。

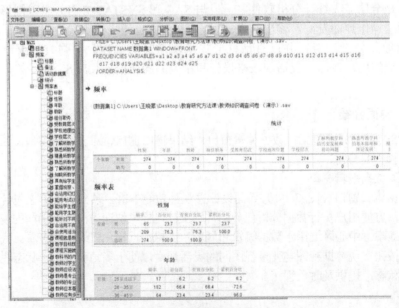

图 3-1-2　结果输出窗口

（3）对象编辑窗口

在对象编辑窗口（图 3-1-3）中，用户可通过右击选择"编辑内容"和"在单独窗口中"，或直接双击统计表，快速打开编辑窗口进行操作。

图 3-1-3　对象编辑窗口

（4）语法编辑窗口

在数据编辑窗口，用户可通过"文件"→"新建"→"语法"路径打开语法编辑器。语法编辑窗口功能强大，支持自由编辑 SPSS 命令，并可通过"粘贴"功能快速导入已有语法，简化操作。

（5）脚本编写窗口

在数据编辑窗口，用户可通过"文件"→"新建"→"脚本"或"文件"→"打开"→"脚本"来打开脚本编辑器。脚本编辑窗口（图 3-1-4）用于编写 SPSS 内嵌的 Sax Basic 语言以实现数据自动化处理，虽然不常用，但对高级用户而言是强大工具。

2. 设定变量

要设定变量，首先需打开 SPSS 软件并切换到变量视图模式，因为在数据视图模式下无法设定变量。如图 3-1-5 所示，当前尚未设定任何变量。

设定变量时，需先切换到变量视图模式。在"名称"一栏输入变量名，选择适当的变量类型，并设置宽度、小数点位数和值。测量类型一般根据数据性质选择，数字常选"度量"或"有序"，文字则选"名义"（图 3-1-6）。

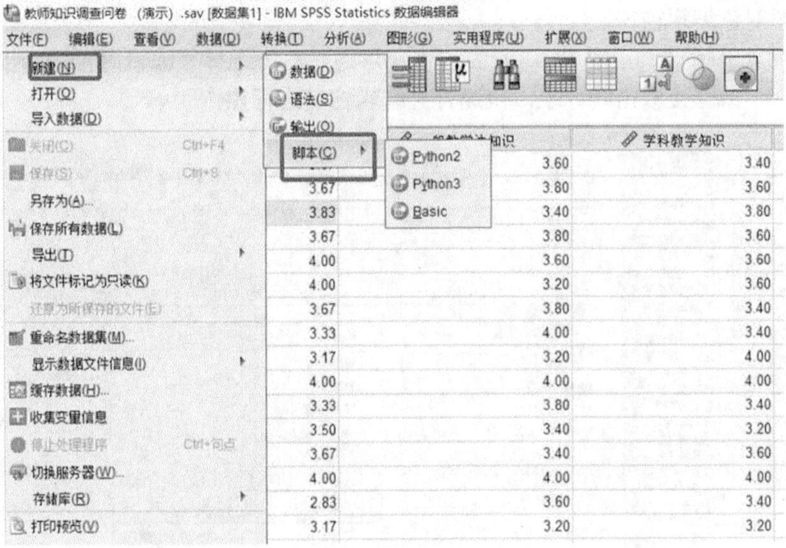

图 3-1-4　脚本编辑窗口

图 3-1-5　数据视图模式

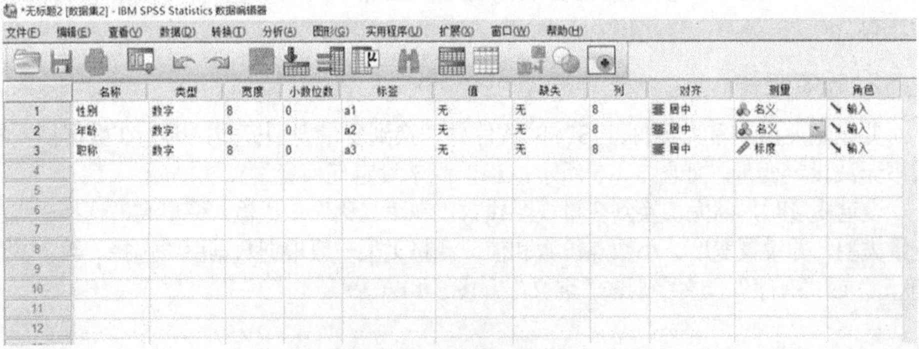

图 3-1-6　变量视图模式

3. 导入和查看数据

在 SPSS 中，可通过"文件"→"打开"→"数据"路径，导入所需要的数据（图 3-1-7）。

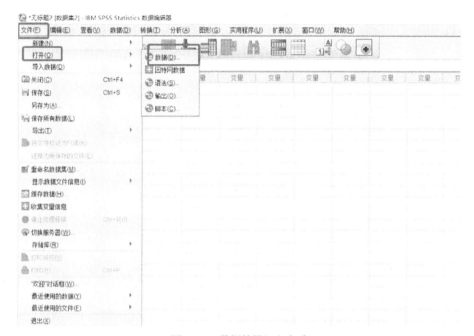

图 3-1-7　数据的导入和查看

（二）SPSS 基本操作

1. 描述性统计分析

描述性统计是指运用制表、分类、图形以及概括性数据来描述数据特征的活动。描述性统计分析简称描述统计，是指对调查总体所有变量的有关数据进行统计性描述，主要包括数据的频数分析、集中趋势分析、离散程度分析等。接下来主要介绍描述统计的操作步骤。

描述统计的操作步骤：打开 SPSS 软件，点击"分析"→"描述统计"→"描述"，选中需要描述的变量，有平均值、标准差、方差、最大值、最小值等，点击"确定"，进行结果分析。

案例：以教师知识调查问卷为例，描述教师知识总分及五个维度知识的基本情况（图 3-1-8、图 3-1-9）。

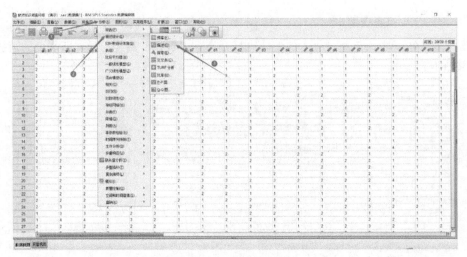

图 3-1-8 描述统计路径

➡ **描述**

描述统计

	N	最小值	最大值	均值	标准 偏差
学科知识	274	1.00	4.50	2.4909	.73437
一般教学法知识	274	1.00	4.20	2.4453	.79171
学科教学知识	274	1.00	4.20	2.1591	.78452
教学及课程知识	274	1.00	3.83	2.5742	.53048
教育目的知识	274	1.00	5.00	1.8528	.79824
教师知识总分	274	1.03	4.08	2.3045	.55221
有效个案数（成列）	274				

图 3-1-9 描述统计结果

2. T检验

T 检验适用于小样本和总体方差未知的正态分布数据，用于比较两个平均数差异的显著性。其适用条件包括已知总体均数、可得样本均数和标准差，以及样本来自正态或近似正态总体。T 检验主要包括单样本 T 检验、独立样本 T 检验、配对样本 T 检验三种。单样本 T 检验比较样本平均数与已知总体平均数的差异；独立样本 T 检验则比较两个非相关样本的平均数与其各自总体平均数的差异。接下来主要介绍单样本 T 检验和独立样本 T 检验的操作步骤。

单样本 T 检验的操作步骤：打开 SPSS 软件，点击"分析"→"比较平均值"→"单样本 T 检验"，选取需要检验的变量，输入检验值，点击"确定"进行结果分析。

案例：共抽取 38 名运动员的体重数据，已知全国正常成年人体重均值为 65kg，标准差为 5kg，要考察运动员体重与全国成年人体重之间是否有显著差异（图 3-1-10、图 3-1-11）。

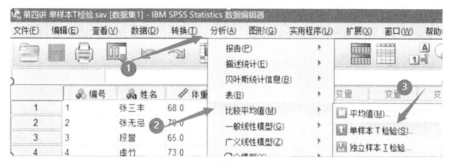

图 3-1-10　单样本 T 检验路径

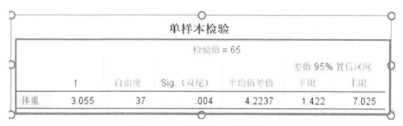

图 3-1-11　单样本 T 检验结果

独立样本 T 检验的操作步骤：打开 SPSS 软件，点击"分析"→"比较平均值"→"独立样本 T 检验"，选择检验变量"连续性变量"，分组变量"二分变量"，点击"确定"，进行结果分析。

案例：以教师知识调查问卷为例，共 32 道题，五个维度（学科知识、一般教学法知识、学科教学知识、教学及课程知识、教育目的知识），检验男女教师的教师知识总分是否存在显著差异（图 3-1-12、图 3-1-13）。

图 3-1-12　独立样本 T 检验路径

组统计

	性别	个案数	平均值	标准 偏差	标准 误差平均值
教师知识总分	男	6	4529	.60080	.07452
	女	20	2583	.52927	.03661

独立样本检验

		莱文方差等同性检验		平均值等同性 t 检验				差值95% 置信区间	
		F	显著性	t	自由度	Sig.(双尾)	平均值差值	标准误差差值	下限	上限
教师知识总分	假定等方差	2.428	.120	2.506	272	.013	.19465	.07768	.04172	.34757
	不假定等方差			2.344	96.885	.021	.19465	.08303	.02986	.35944

图 3-1-13　独立样本 T 检验结果

3. 方差分析

方差分析也是一种均值的差异性检验，主要用于检验不同水平的某一因素是否导致结果均值产生显著差异，关注多组样本间的均值差异。进行方差分析需满足四个条件：样本独立性、因变量基本满足正态分布、自变量为定序或数值型定类变量，以及不同分组方差齐性。方差分析包括单因素、多因素和协方差分析。单因素方差分析（单因素 ANOVA）研究单一因素对结果变量的影响，分析多组样本均值是否存在显著差异，分为组内和组间设计。接下来介绍单因素方差分析的操作步骤。

单因素 ANOVA 的操作步骤：点击菜单中的"分析"→"比较平均值"→"单因素 ANOVA 检验"→将"因变量"放入"因变量列表"中，"自变量"放入"因子"中→点击"事后比较"。在这里如果假定方差齐性，一般选择"LSD"，否则选择"塔姆黑尼 T2"→点击"选项"，选择"方差齐性检验"，其他设定可以保持默认→点击"确定"，输出结果，对结果进行分析。分析时，首先看"方差齐性检验"表，显著性（即 p 值）若大于 0.05，说明方差齐性，说明结论有价值，可以继续分析；若 p 小于 0.05，说明方差非齐性。然后看"ANOVA"表，p 若小于 0.05，说明单一因素变量的不同水平会对结果变量产生显著影响，可以继续做事后比较（两两比较）；p 若大于 0.05，则说明单一因素变量的不同水平不会对结果变量产生显著影响，不必再进行比较。

案例：分析某校不同爱好学生的语文成绩是否存在显著差别。在此案例中，爱好为自变量，有三个水平分别为"1 科学""2 文学""3 艺术"，语文成绩为因变量。打开 SPSS 中的数据，点击菜单中的"分析"→"比较平均值"→"单因素 ANOVA 检验"（图 3-1-14）。

在弹出的"单因素 ANOVA 检验"对话框中，将"因变量"放入"因变量列表"中，"自变量"放入"因子"中，点击"事后比较"，可知方差齐性，选择"LSD"→点击"选项"，选择"方差齐性检验"，其他设定可以保持默认（图 3-1-15）。最后点击"确定"，即可得出单因素 ANOVA 检验结果。

先看方差齐性检验结果（图 3-1-16），$p=0.109>0.05$，说明方差齐性，结论有价值，可以继续分析。再看方差分析结果（图 3-1-17），$p=0.187>0.05$，则说明爱好的不同水平不会对语文成绩产生显著影响。

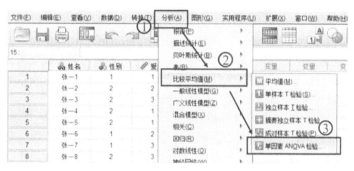

图 3-1-14 单因素 ANOVA 检验路径 1

图 3-1-15 单因素 ANOVA 检验路径 2

方差齐性检验

		莱文统计	自由度1	自由度2	显著性
语文成绩	基于平均值	2.682	2	12	.109

图 3-1-16 方差齐性检验结果

ANOVA

语文成绩

	平方和	自由度	均方	F	显著性
组间	158.786	2	79.393	1.932	.187
组内	493.214	12	41.101		
总计	652.000	14			

图 3-1-17 方差分析结果

4. 相关分析

事物间的联系常表现为变量间的依存关系，其中相关关系指非确定性的数量依存关系。相关分析旨在研究这种关系，包括判断关系存在与否、确定关系的紧密程度及检验显著性。相关分析适用于连续性的数值变量或量表数据，能分析变量间的相关性，但受样本量影响。相关分析可以分为双变量分析、偏相关分析、距离分析和典型相关分析。其中双变量分析关注两个变量间的相关性，在双变量分析中，有三类相关系数，分别是皮尔逊（Pearson）、斯皮尔曼（Spearman）和肯德尔（Kendall）。其中针对两个独立的服从正态分布的连续变量，常用皮尔逊相关系数来衡量它们之间的相关性。偏相关分析则用于控制其他变量的影响，只计算两个特定变量的相关性。接下来主要介绍双变量分析和偏相关分析的操作步骤。

双变量分析的操作步骤：点击菜单中的"分析"→"相关"→"双变量"→ 在弹出的"双变量相关性"对话框中将需要分析的变量放入"变量"中→相关系数一般选择皮尔逊，显著性检验一般选择双尾，其他设定可以保持默认→点击"确定"，输出结果，对结果进行分析。如果皮尔逊相关系数（即 r）带*号，说明两个变量之间有关系，且 r 的绝对值越趋近于 1，相关性越大。再看 r 的正负，若为正值，即为正相关；若为负值，即为负相关。最后看显著性，若 $p<0.05$，则说明相关极显著；若 $p>0.05$，则说明相关不显著。

案例：分析性别与教师知识总分的关系。在此案例中，性别"男""女"分别用值"1""2"表示。打开 SPSS 中的数据，点击菜单中的"分析"→"相关"→"双变量"（图 3-1-18）。

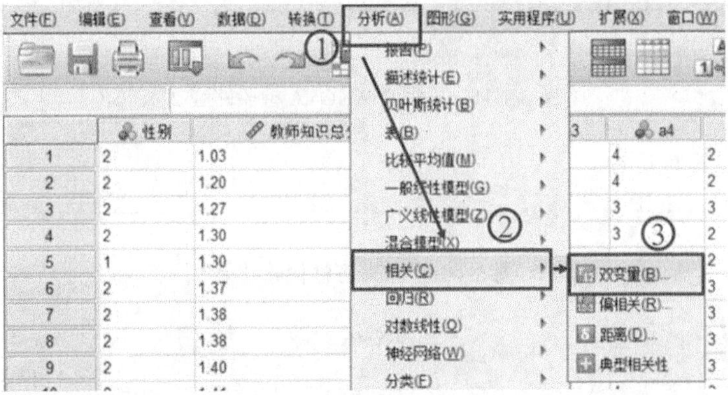

图 3-1-18　双变量分析路径

在弹出的"双变量相关性"对话框中，将"性别"和"教师知识总分"放入"变量"中，相关系数和显著性检验一般默认为皮尔逊和双尾，可以保持默认不动→点击"确定"后即可出双变量分析结果（图 3-1-19）。"相关性"表中 $r= -0.150^*$，r 带*号且为负值，说明性别与教师知识总分两个变量相关，且为负相关关系；$p=0.013<0.05$，说明性别与教师知识总分两个变量相关显著。

相关性

		性别	教师知识总分
性别	皮尔逊相关性	1	-.150*
	Sig.（双尾）		.013
	个案数	274	274
教师知识总分	皮尔逊相关性	-.150*	1
	Sig.（双尾）	.013	
	个案数	274	274

*. 在 0.05 级别（双尾），相关性显著。

图 3-1-19　双变量分析结果

偏相关分析的操作步骤：点击菜单中的"分析"→"相关"→"偏相关"→将"自变量"和"因变量"放入"变量"中，将"控制变量"放入"控制"中→显著性检验一般默认为双尾，可以保持默认不动→点击"确定"，输出结果，对结果进行分析。分析步骤与双变量相关一样。r 的绝对值越趋近于 1，则相关性越大，说明在控制某个变量的情况下，另外两个变量之间有关系。再看 r 的正负，若为正值，即为正相关；若为负值，即为负相关。最后看显著性，若 $p<0.05$，则说明相关极显著；若 $p>0.05$，则说明相关不显著。

案例：性别、教龄都与教师知识总分之间有关系，为了检测性别与教师知识总分之间的关系，就需要将教龄作为控制变量。在此案例中，性别"男""女"分别用值"1""2"表示，教龄"5 年以下""6—15 年""16—25 年""26 年及以上"分别用值"1""2""3""4"表示（图 3-1-20）。

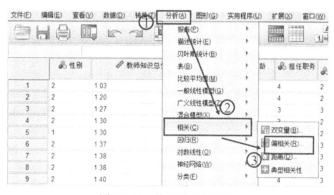

图 3-1-20　偏相关分析路径

在弹出的"偏相关"对话框中，将"性别"和"教师知识总分"放入"变量"中，"教龄"放入"控制"中，显著性检验一般默认为双尾，可以保持默认不动，点击"确定"后即可得到偏相关分析结果（图 3-1-21）。"相关性"表中的 r 的绝对值为 0.152，且 r 为负值，说明将教龄作为控制变量时，性别与教师知识总分两个变量相关，且为负相关关系；$p=0.012<0.05$，说明性别与教师知识总分两个变量相关显著。

相关性

控制变量			性别	教师知识总分
教龄	性别	相关性	1.000	-.152
		显著性（双尾）	.	.012
		自由度	0	271
	教师知识总分	相关性	-.152	1.000
		显著性（双尾）	.012	.
		自由度	271	0

图 3-1-21　偏相关分析结果

5. 回归分析

　　回归分析研究的主要是客观事物变量间的统计关系，它是建立在对客观事物进行大量实验和观察的基础上，用来寻找隐藏在那些看上去不确定的现象中的统计规律的统计方法。回归分析的步骤可以大致分为变量的相关性分析、模型的拟合即参数估计、回归方程的显著性检验、残差分析、回归系数的区间估计及显著性检验、预测和控制。接下来主要介绍一元线性回归分析的操作步骤。

　　一元线性回归分析的操作步骤：首先对数据进行相关性分析，在 SPSS 的界面中点击"分析"→"相关"→"双变量"（图 3-1-22）。

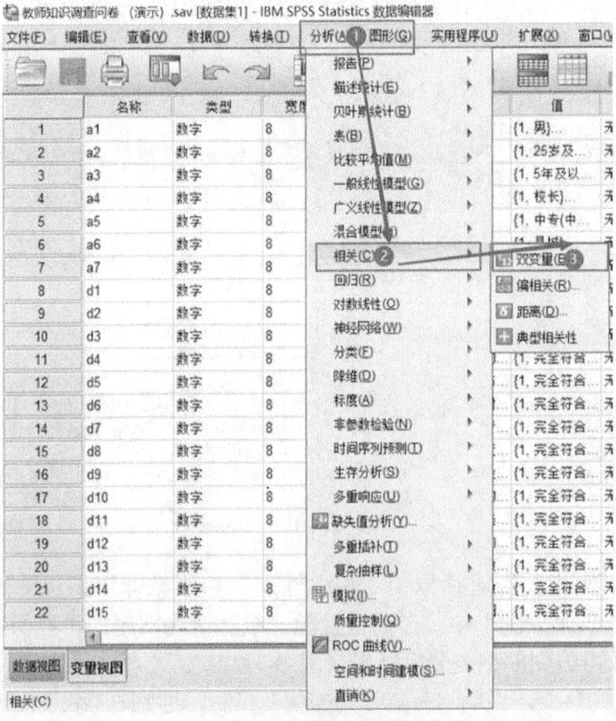

图 3-1-22　相关分析路径

图 3-1-23 是皮尔逊相关系数，为一个对角矩阵，从中可以看出自变量教师知识总分与因变量学科知识之间的线性相关系数为 0.800，且其假设检验的 p=0.000 1，远小于 0.05，证明其二者之间显著相关。接下来开始进行回归分析，点击“分析”→“回归”→“线性”，将自变量和因变量分别添加进去（图 3-1-24）。

➡ 相关性

相关性

		学科知识	教师知识总分
学科知识	皮尔逊相关性	1	.800**
	Sig.（双尾）		.000
	个案数	274	274
教师知识总分	皮尔逊相关性	.800**	1
	Sig.（双尾）	.000	
	个案数	274	274

**. 在 0.01 级别（双尾），相关性显著。

图 3-1-23　皮尔逊相关系数

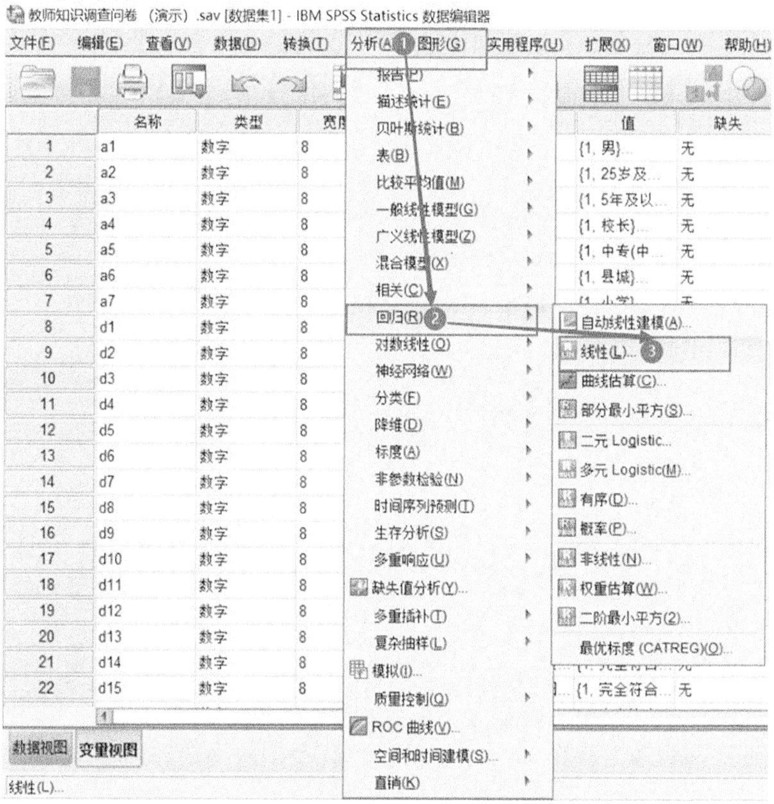

图 3-1-24　回归分析路径 1

添加好后需要勾选"回归系数"→"置信区间",这里选择默认的 95%的置信区间,点击"继续"(图 3-1-25)。依次点击"保存"→"残差"→"未标准化"→"继续",用来做残差分析(图 3-1-26)。

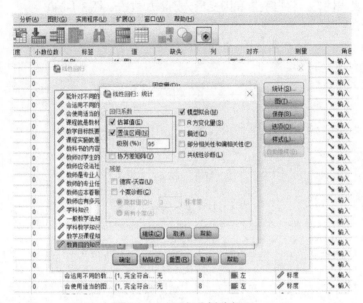

图 3-1-25 回归分析路径 2

图 3-1-26 残差分析路径

点击"确定"后就可以得到整个模型的数据，再逐一分析。在模型摘要（图 3-1-27）中，模型的拟合优度（即 R^2 值）为评判模型好与坏的参数。在数据量较大时一般认为，R^2 大于 0.7 可以给予模型肯定的态度，而此次模型 R^2 为 0.714，所以可以认为其具有一定的拟合优度。从图 3-1-28 的残差统计结果可以看出，残差分布没有异常值点，最小值和最大值都在（−3，3）范围内，可以认为其样本数据基本正常。

模型摘要[b]

模型	R	R 方	调整后 R 方	标准估算的错误
1	.845[a]	.714	.713	.29598

a. 预测变量：（常量），一般教学法知识
b. 因变量：教师知识总分

图 3-1-27　模型摘要

残差统计[a]

	最小值	最大值	平均值	标准偏差	个案数
预测值	1.4528	3.3385	2.3045	.46653	274
残差	−.71823	.84843	.00000	.29544	274
标准预测值	−1.825	2.216	.000	1.000	274
标准残差	−2.427	2.867	.000	.998	274

a. 因变量：教师知识总分

图 3-1-28　残差统计结果

6. 信度分析

信度衡量测量结果的一致性和稳定性，分为内在信度和外在信度。内在信度关注问卷问题是否测量同一概念，外在信度则考察不同时间测量的一致性[①]。信度特性包括：信度是指结果一致稳定而非测验本身；信度值是指特定类型下的一致性；信度是效度的必要条件；信度检验基于统计方法[②]。信度估计方法多样，需注意不同方法的含义及适用范围。下面介绍三种常用的信度。

重测信度是用同一问卷对同一群体施测两次，评估两次结果的相关程度。评估统计量因变量类型而异，如连续变量用皮尔逊积差相关，等级变量用 ICC（intraclass correlation coefficient，内部相关系数），分类变量用 κ 系数。信度系数大于 0.7 可接受，低于此值需考虑修改问卷题目。重测信度需满足：适合重测的特质或内容；平衡遗忘和练习效应；通常两次测量间隔 2—4 周。重测信度分析的操作步骤：①皮尔逊

① 张文彤. SPSS 统计分析基础教程[M]. 北京：高等教育出版社，2004.
② 吴明隆. 问卷统计分析实务——SPSS 操作与应用[M]. 重庆：重庆大学出版社，2010.

积差相关：分析→相关→双变量相关。②内部相关系数：分析→度量→可靠性分析→ICC 选项。③κ 系数：分析→描述统计→交叉表→κ 选项。

折半信度是指将一个测验问卷拆分为两半，计算两部分各自得分的相关性。通常采用奇偶分组方法。折半信度通常是在只能测试一次或者没有复本的情况下使用，常用于态度、意见式问卷的信度分析。折半信度分析的操作步骤：分析→度量→可靠性分析→模型（半分 split-half 选项）。

同质性信度即内部一致性系数，是指测验内部所有题目间的一致性程度。常用于态度、意见式问卷，通过题目间的相关性评价信度。常用统计量为克隆巴赫 α 系数。计算 α 时，需按问卷测量领域分别估算。α 为 0—1，不同学者对其可接受范围有不同观点。有人认为α=0.70 是一个较低但可以接受的量表边界值[1]。有人则提出以下观点：α 为 0.60—0.65，最好不要；α 为 0.65—0.70，是最小可接受值；α 为 0.70—0.80，相当好；α 为 0.80—0.90，非常好[2]。一般而言，α 值大于 0.70 表示信度较高。同质性信度分析的操作步骤：点击"分析"→"标度"→"可靠性分析"→模型（α 系数）。特别推荐"统计量"对话框中"如果项已删除进行度量"选项，这个选项非常重要，可以用来对问卷中的各项进行逐一分析，以达到改良问卷信度的目的。同质性信度应用范围比较广，图 3-1-29、图 3-1-30 展示了 SPSS 25 中同质性信度分析的操作路径和结果。

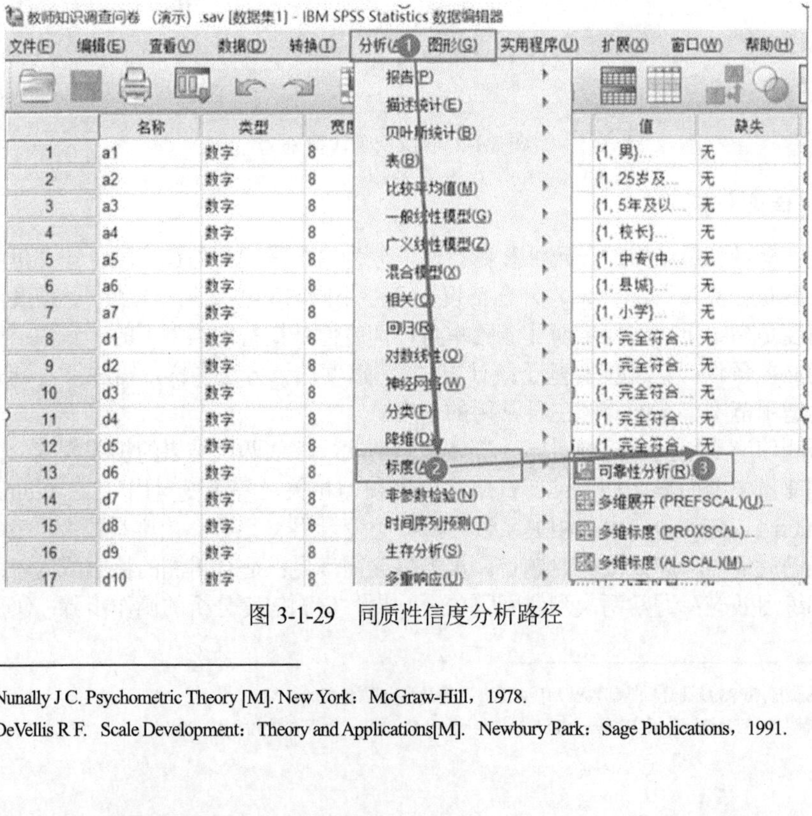

图 3-1-29 同质性信度分析路径

---

① Nunally J C. Psychometric Theory [M]. New York：McGraw-Hill，1978.

② DeVellis R F. Scale Development：Theory and Applications[M]. Newbury Park：Sage Publications，1991.

➡ 可靠性

标度：问卷信度

个案处理摘要

		个案数	%
个案	有效	274	100.0
	排除[a]	0	0
	总计	274	100.0

a 基于过程中所有变量的成列删除。

可靠性统计

克隆巴赫 Alpha	项数
.902	25

图 3-1-30　可靠性统计结果

7. 效度分析

效度即有效性，指的是问卷能够测量出要测内容的程度。由于测量效度是就测量结果达到测量目的的程度而言的，所以测量效度在很大程度上取决于人们对测量目的的解释[①]。通常的解释角度有三种：一是用测量内容来说明测量目的，即内容效度；二是用某种理论结构来说明目的，即准则效度；三是用工作实效来说明目的，即结构效度。

内容效度指测验实际测到的内容与想要测量的内容之间的吻合程度，主要用于成就测验。内容效度采用逻辑分析与统计相结合的方法，逻辑分析一般由研究者或专家判断所选题是否"看上去"符合测量的目的和要求，统计方法采取的是单项与总和相关效度分析。

准则效度又称为效标效度或预测效度，指根据已经得到的某种理论，选择一种指标或测量工具作为准则，分析问卷题项与准则的相关性。不过，选择一个合适的准则往往十分困难，因此这种方法的应用受到了一定的限制。

结构效度衡量问卷测量与设计假设结构的契合度。因子分析是主要统计方法，从题目中提取公因子，代表问卷结构。评价结构效度指标有累计贡献率、共同度和因子负荷。判断结构效度的标准包括公因子与设计一致、累积方差贡献达 40%、题项负载值大于 0.4。另外，KMO 系数接近 1 且巴特利特球形检验显著时，说明问卷结构效度良好。

效度分析的操作步骤：点击"分析"→"降维"→"因子"（图 3-1-31、图 3-1-32）。

① 戴海琦. 心理测量学[M]. 北京：高等教育出版社，2010.

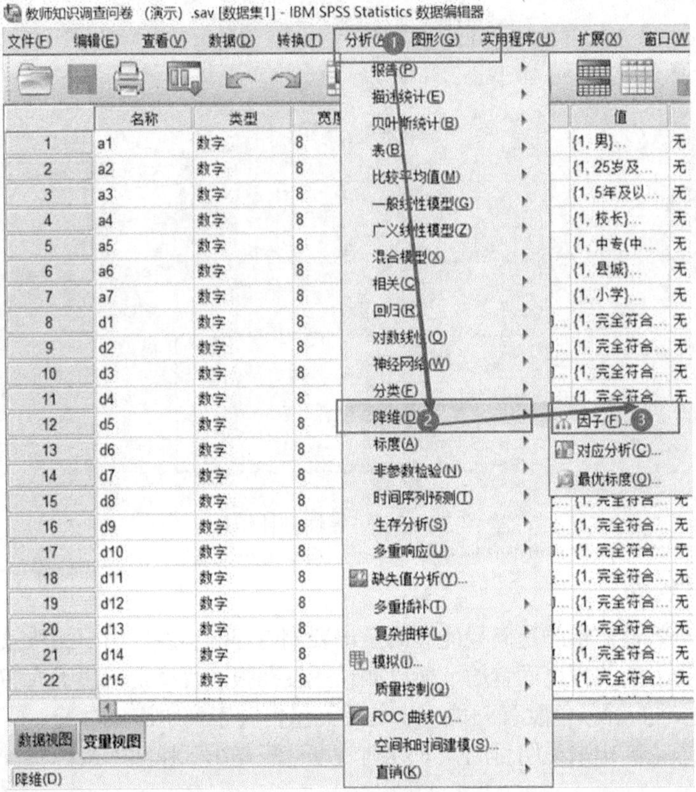

图 3-1-31　效度分析路径

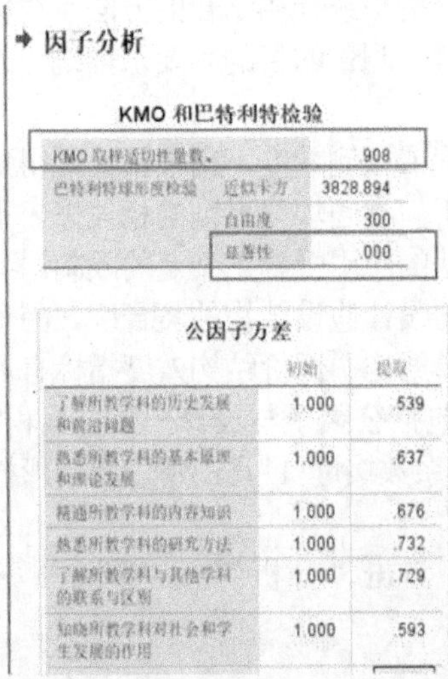

因子分析

KMO 和巴特利特检验

KMO 取样适切性量数。		.908
巴特利特球形度检验	近似卡方	3828.894
	自由度	300
	显著性	.000

公因子方差

	初始	提取
了解所教学科的历史发展和前沿问题	1.000	.539
熟悉所教学科的基本原理和理论发展	1.000	.637
精通所教学科的内容知识	1.000	.676
熟悉所教学科的研究方法	1.000	.732
了解所教学科与其他学科的联系与区别	1.000	.729
知晓所教学科对社会和学生发展的作用	1.000	.593

图 3-1-32　KMO 值和巴特利特检验结果

（三）基于 SPSS 的论文示例

基于 SPSS 的论文优秀范例见表 3-1-1。

表 3-1-1　基于 SPSS 的论文优秀范例

论文名称	研究对象	分析方法	研究结论
《"互联网+"时代青少年社交媒体成瘾的影响因素及治理路径研究》[①]	我国中部地区具有社交媒体使用经历的高校大学生	论文采用探索性因子分析、信效度分析、描述统计、相关分析、回归分析、独立样本 T 检验、单因素方差分析等数据分析方法，探究青少年社交媒体成瘾的影响因素及其心理机制	通过回归分析，研究发现：青少年的容忍度、戒断症状和冲突可预测并显著影响其社交媒体成瘾的复发；青少年的容忍度、冲突可预测并显著影响其社交媒体成瘾的戒断症状。独立样本 T 检验和单因素方差分析结果表明：①男生和女生在戒断症状因子上的得分存在显著差异。②不同层次学校的学生在情绪调节上的得分存在显著差异。③父母的文化程度对学生在情绪调节上的得分存在显著影响
《自我效能、自我调节学习与探究社区模型的关系研究——基于网络学习空间中开展的混合教学实践》[②]	中部地区某"双一流大学"2019—2020 学年春季学期选修"现代教育技术应用"混合课程的 13 个不同学科专业的学生	论文首先采用多元回归分析检验教学存在感和社会存在感对认知存在感和自我效能的影响，然后以自我效能为自变量、自我调节学习为因变量，自我效能为自变量、认知存在感为因变量，进行多元线性回归分析。最后，将教学手段作为分组变量，将社会存在感、教学存在感、认知存在感、自我效能、自我调节学习作为因变量，分别进行 5 个独立样本 T 检验，进而探究青少年社交媒体成瘾的影响因素及其心理机制	教学存在感和社会存在感均可预测并显著影响认知存在感；教学存在感和社会存在感均可预测并显著影响自我效能；自我效能可预测并显著影响自我调节学习和认知存在感；教学手段调节了自我效能、自我调节学习与探究社区模型各组成要素间的相互关系
《学习存在感与探究社区模型关系研究》[③]	华北某综合性重点大学的学生	论文采用信度分析、相关分析和因子分析法，对包含学习存在感的网络探究学习社区中文量表进行信效度检验；运用多元线性回归分析法，探究学习存在感与教学存在感、社会存在感以及认知存在感之间的结构关系，以检验研究假设学习存在感与教学存在感、社会存在感和认知存在感之间呈显著正相关	学习存在感与教学存在感、社会存在感和认知存在感之间呈显著正相关；教学存在感、社会存在感和学习存在感均可预测并显著影响认知存在感，即研究假设学习存在感与教学存在感、社会存在感和认知存在感之间呈显著正相关和研究假设学习存在感可预测并影响认知成立

① 兰国帅，魏家财，黄春雨，等. "互联网+"时代青少年社交媒体成瘾的影响因素及治理路径研究[J]. 开放学习研究，2022，27（5）：34-42.

② 兰国帅，钟秋菊，郭倩，等. 自我效能、自我调节学习与探究社区模型的关系研究——基于网络学习空间中开展的混合教学实践[J]. 中国电化教育，2020（12）：44-54.

③ 兰国帅，钟秋菊，吕彩杰，等. 学习存在感与探究社区模型关系研究[J]. 开放教育研究，2018，24（5）：92-107.

二、Amos 操作与学术论文示例

（一）Amos 软件简介

Amos 是一款强大的结构方程建模软件，通过扩展标准多变量分析方法（包括回归分析、因子分析、相关分析以及方差分析）来支持研究和理论。Amos 使用直观的图形或程序化用户界面构建态度和行为模型。与标准的多变量统计方法相比，Amos 的模型可以更准确地反映复杂关系。常见的统计分析方式有回归分析、路径分析、结构方程模型、探索性因子分析、验证性因子分析等。Amos 的具体功能如图 3-1-33 所示。接下来以 Amos 24.0 为例，介绍其基本操作。

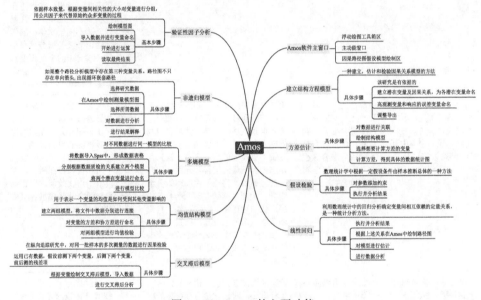

图 3-1-33　Amos 的主要功能

Amos 的主窗口有三大界面，包括左侧的浮动绘图工具箱区、中部的主功能窗口和右侧的因果路径图假设模型绘制区。绘图工具窗口是 Amos 的核心，熟知各种工具图标的功能（图 3-1-34）与操作，则能快速完成各种模型图的绘制与统计量的估计。

（二）Amos 基本操作

1. 建立结构方程模型

结构方程模型（structural equation model，SEM）是一种建立、估计和检验因果关系模型的方法，它基于变量的协方差矩阵来探究变量间的关联，因此也被称作协方差结构分析。在构建 SEM 时，采用后验逻辑，即基于先前的研究经验

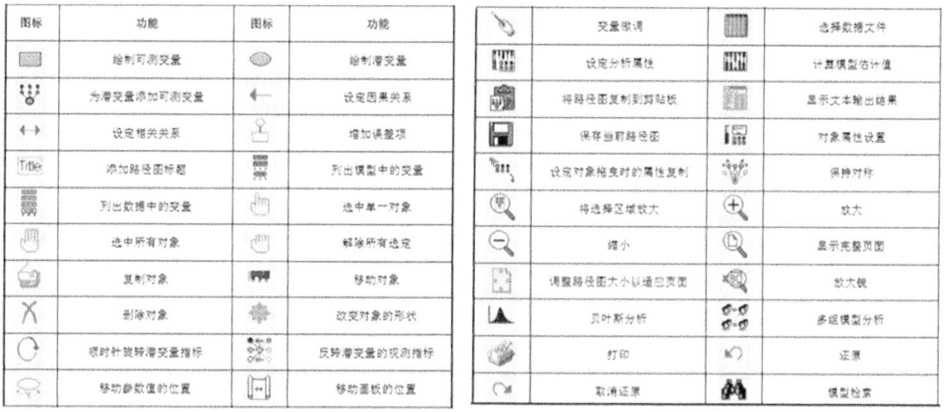

图标	功能	图标	功能		图标	功能	图标	功能
	绘制可测变量		绘制潜变量			变量微调		选择数据文件
	为潜变量添加可测变量		设定因果关系			设定分析属性		计算模型估计值
	设定相关关系		增加调整项			将路径图复制到剪贴板		显示文本输出结果
Title	添加路径图标题		列出模型中的变量			保存当前路径图		对象属性设置
	列出数据中的变量		选中单一对象			设定对象框复制时的属性复制		保持对称
	选中所有对象		解除所有选定			将选择区域放大		放大
	复制对象		移动对象			缩小		显示完整页图
	剔除对象		改变对象的形状			调整路径图大小以适应页图		放大镜
	瞬时计算潜变量指标		反转潜变量的观测指标			贝叶斯分析		多组模型分析
	移动参数值的位置		移动画板的位置			打印		还原
						取消还原		模型检索

图 3-1-34　Amos 工具图标的功能

和理论假设来构建网络结构模型。完成模型构建后，通过检验模型的整体拟合度及模型中各路径的显著性来判断其可用性。最后，逐一确定自变量对因变量的影响，从而更深入地理解变量间的复杂关系。

SEM 是一种包含因素分析和路径分析的统计分析技术，适用于多变量间相互关系的研究。SEM 包括三种变量（潜在变量、显性变量和残差变量）和两个基本模型（测量模型、结构模型）。潜在变量（又称无法观测的变量）是从多个观察变量中提炼出的特质或抽象概念观察变量，其图形通常用椭圆表示；显性变量又称观测变量、指标变量或可测量变量，研究者可以直接观察或者直接测量获得，其图形通常以正方形或长方形表示；残差变量是指内因潜在变量无法被模型中外因潜在变量解释的变异量，即 SEM 中的随机变异部分，不是直接通过实际测量获得的，其图形通常用圆形表示。测量模型由潜在变量和显性变量组成，SEM 是潜在变量间因果关系模型的说明。构建 SEM 时最好有前人的研究基础，证明该研究是可靠、有依据的。

结构方程模型建立的操作步骤如下：①在画布上画潜在变量。根据理论，点击单箭头建立各潜在变量的因果关系，如果内因潜在变量之间有相关关系，就点击双箭头，建立相关关系。②双击潜在变量，为各潜在变量命名，还可以在弹出的窗口中为潜在变量添加颜色、调字体等。③画显性变量和相应的残差变量并命名。④通过调整，使布局更为美观，比如移动变量、旋转指标、改变变量的形状、删除变量等。

2. 方差估计和假设检验

方差主要用于衡量一组数据的波动性和离散程度，是通过计算样本各数据与样本平均数的差的平方和的平均数（即样本方差）来完成的。样本方差越大，说明数据的波动性越大，即数据点相对于平均值更加分散；反之，样本方差越小，说明数据相对集中。

方差估计的操作步骤：第一，对数据进行关联。在快捷栏中点击 Select date files 的图标，之后点击"File Name"找到数据，将数据导入 Amos，导入的数据类型支持 sav 和 excel 格式（图 3-1-35）。

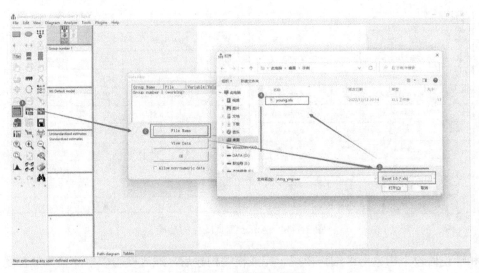

图 3-1-35　数据导入流程

第二，构建结构模型。考虑到源数据中 recall1 与 recall2、place1 与 place2 之间各自存在相互关联的关系，因此依据这些相关性绘制如图 3-1-36 所示的模型。

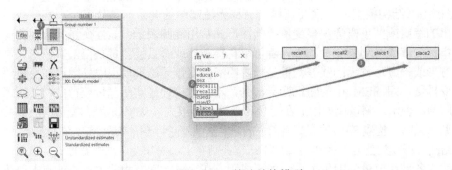

图 3-1-36　构建结构模型

第三，选择想要计算方差的变量，点击"Plugins"中的"Draw Covariance"就能得到四个变量之间的双向协方差图（图 3-1-37）。

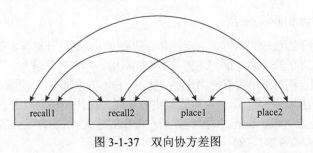

图 3-1-37　双向协方差图

第四，计算方差。点击快捷栏中的"Analyze"→"Calculate Estimates"就可以得到各个变量的方差和变量之间的协方差，方差计算结果如图 3-1-38 所示。

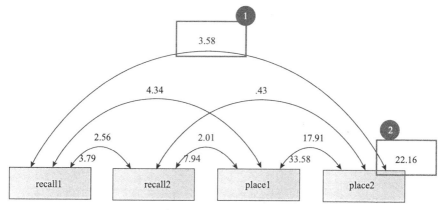

图 3-1-38　方差计算结果

图中标号为 1 的数字代表的是 recall1 与 place2 两个变量之间的协方差，标号为 2 的数字代表的是变量 place2 的方差。点击快捷栏中的"Text Output"就可以得到具体的数据结果（图 3-1-39），方框内的 $p=0.028<0.05$，说明 recall2 和 recall1 这两个变量的协方差显著相关。

Estimates (Group number 1 - Default model)

Scalar Estimates (Group number 1 - Default model)

Maximum Likelihood Estimates

Covariances: (Group number 1 - Default model)

			Estimate	S.E.	C.R.	P	Label
recall2	<-->	recall1	2.556	1.160	2.203	.028	
recall1	<-->	place1	4.337	2.338	1.855	.064	
recall1	<-->	place2	3.575	1.902	1.880	.060	
recall2	<-->	place1	2.014	2.635	.764	.445	
recall2	<-->	place2	.427	2.126	.201	.841	
place1	<-->	place2	17.905	5.225	3.427	***	

Variances: (Group number 1 - Default model)

	Estimate	S.E.	C.R.	P	Label
recall2	7.944	1.799	4.416	***	
recall1	5.787	1.311	4.416	***	
place1	33.577	7.604	4.416	***	
place2	22.160	5.018	4.416	***	

图 3-1-39　方差估计结果

假设检验是一种基于假设条件，通过样本推断总体的统计方法，用于判断样本与样本、样本与总体之间的差异是否由本质差别造成。假设检验要求事先对总体参数或分布形式作出某种假设，然后利用样本信息来判断原假设是否成立。假设检验的结果可以验证方差估计的有效性。

假设检验的操作步骤：第一，对参数施加约束。将方差和协方差均设为相同。右键单击变量，在"Parameters"中将 recall1 和 recall2 设置为相同数值，place1 和 place2 设置为相同数值。右键单击 recall1 和 place1 之间的协方差和 recall2 和 place2 之间的协方差，设置为相同数值（图 3-1-40）。

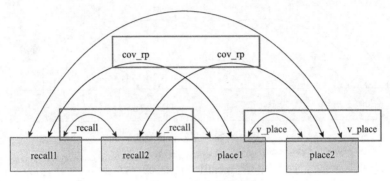

图 3-1-40　调整方差数值

第二，执行并分析结果。勾选"Sample moments""Implied moments""Residual moments"，即样本协方差矩阵、隐含协方差矩阵以及残差矩阵（图 3-1-41）。

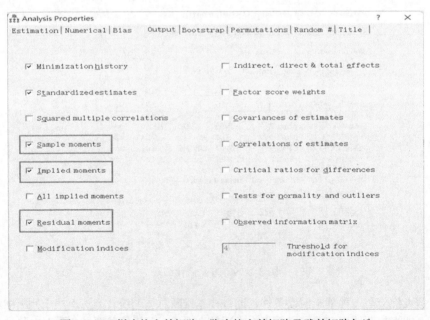

图 3-1-41　样本协方差矩阵、隐含协方差矩阵及残差矩阵勾选

执行运算操作后得到结果（图 3-1-42），$p=0.099>0.05$，说明在显著性 0.05 的水平上原假设成立，即 "implied covariances"（隐含协方差）和 "sample covariances"（样本协方差）很相似，这说明证据不足，接受原假设。

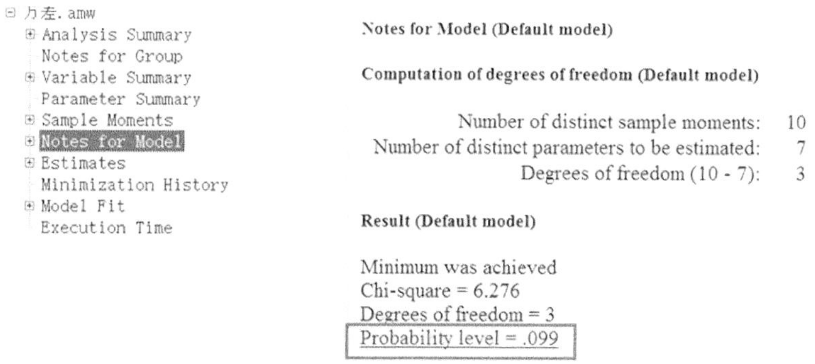

图 3-1-42　假设检验结果

3. 线性回归分析

线性回归是利用数理统计中的回归分析确定变量间相互依赖的定量关系，是一种统计分析方法[①]。多元线性回归可以使用 Amos 构建结构方程模型。例如论文《在线教学中师生交互对深度学习的影响研究》[②]便是采用 Amos 对所得数据进行回归分析，得出了教学性交互、社会性交互、高级思维与沉浸体验四个变量间的多元线性回归方程。因此，多元线性回归有助于确定变量间的关系。

线性回归分析的操作步骤：第一，确定变量间的关系。在进行数据分析和 Amos 操作之前要确定自变量、因变量及变量间的相关关系。这里假定 $X1$、$M1$（自变量）可以预测 $Y1$（因变量）。

第二，根据上述关系在 Amos 中绘制路径图（图 3-1-43）。由于 Amos 路径图表示的是线性回归模型，除了 $X1$、$M1$ 会对 $Y1$ 的影响外，还有一些因素对 $Y1$ 的影响无法解释，因此所有的因变量（即有箭头指向的变量）都需加上一个残差项，即 $e1$。建立模型的基本步骤如下：先画上 3 个观测变量，按照 "$X1$、$M1$ 可以预测 $Y1$" 的思路将 3 个变量的基本位置进行排序，并在 3 个变量之间画上表示三者关系的箭头，不仅是 $X1$ 和 $M1$ 对 $Y1$ 的单向影响，也包括 $X1$ 与 $M1$ 之间的交互、双向影响，此外还需要在箭头指向的变量即 $Y1$ 处加上残差 $e1$；之后进行数据关联，并将各观测变量所对应的名称放入各方框。

---

① 徐超清，王云超，孙国道，等. 基于 B 样条拟合与回归模型的脑神经纤维聚类方法[J]. 计算机辅助设计与图形学学报，2022，34（12）：1920-1929.

② 宋佳，冯吉兵，曲克晨. 在线教学中师生交互对深度学习的影响研究[J]. 中国电化教育，2020（11）：60-66.

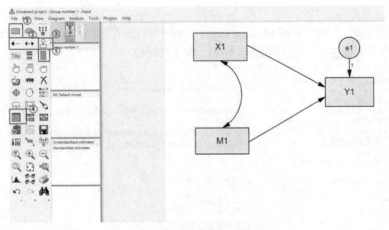

图 3-1-43 绘制路径图

第三，估计模型（图 3-1-44）。选择"View"→"Output"→"Minimization history""Standardized estimates""Squared multiple correlations"，并进行文件命名与保存。需要注意的是，输出文件的命名与保存虽无特殊要求，但建议将相关文件保存到特定文件夹中便于后续查找。保存后，点击查看输出结果。

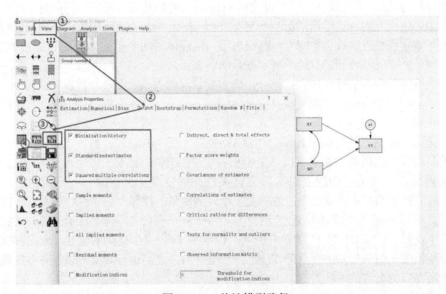

图 3-1-44 估计模型路径

第四，分析数据（图 3-1-45）。将输出结果依据相关标准进行数据分析。在此部分的数据分析结果将依照输出的各列表部分进行详细阐释与分析，共包括 Analysis Summary、Variable Summary、Notes for Model、Estimates 和 Model Fit 五部分。

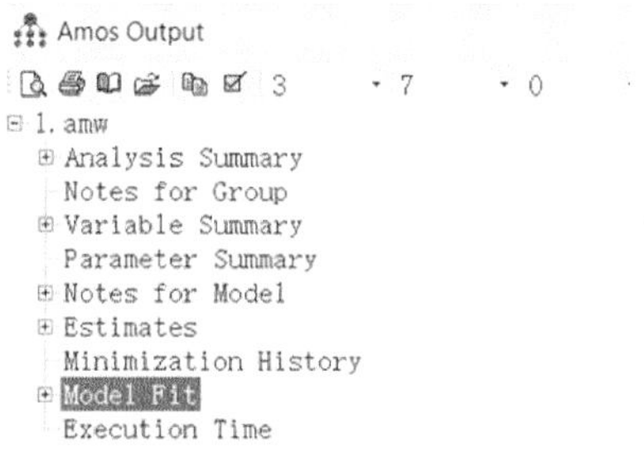

图 3-1-45　数据输出结果

"Notes for Group"处显示"The model is recursive，Sample size=292"，此结果说明该模型样本为 292。递归模型强调因果关系结构中全部为单向链条关系、无反馈作用[①]，也即，递归模型中任何一个变量，不能既是另一个变量的起因，又是其结果。针对该模型而言，该模型是单向模型，并非递归模型，数据结果与研究模型相对应。

"Variable Summary"是对模型中各种变量的总结。"Observed variables"指的是显性变量；"Endogenous variables"指的是内生变量，可以认为相当于是一个因变量（内生变量至少接收一根单箭头且具有残差项，因此 $Y1$ 为内生变量）；"Exogenous variables"即外生变量，外生变量只发送箭头而不接收箭头，因此将 $X1$、$M1$ 和 *error* 定义为外生变量；"Unobserved variables"即非观测变量，非观测变量指不能直接进行测量，但可以进行大致衡量、测度的变量，该研究中的非观测变量即为残差 $e1$；"Variables counts"就是不同变量的计数：Number of variables in your model（模型中的变量数）为 4，Number of observed variables（显性变量数）为 3，Number of unobserved variables（非观测变量数）为 1，Number of exogenous variables（外生变量数）为 3，Number of endogenous variables（内生变量数）为 1，与该模型相符合。

"Notes for Model"是模型整体情况的备注。"Computation of degrees of freedom"为"自由度计算"，通常用来确定在计算某一统计量时，取值不受限制的变量个数；"Minimum was achieved"表示模型达到了局部最优解；"Degrees of freedom（6-6）：0"，表明该模型自由度为 0，这说明该模型为饱和模型，恰好能够被识别。

"Estimate"为实际估计值，"S-E-"为"近似标准误差"，"C-R-"为"临界比率"，"P"就是"*p*"，若小于 0.001 就用"***"表示，说明自变量对因变量有显著影响；"Label"为"标签列"。在该模型中，仅有 $X1→Y1$ 有显著影响。

Model Fit 为模型整体的拟合情况衡量参数，包括卡方、自由度、卡方自由度比等参数。

第五，绘制数据模型图，对所输出数据进行标准化，各路径系数如图 3-1-46 所示。该模型的判定系数为 0.15，对于回归模型而言，该值较小，表明本模型的结果不是很理想，原因可能是测量误差所导致的。

[①] 夏棒，王惠文，周荣刚. 成分数据路径分析模型[J]. 数学的实践与认识，2019，49（14）：191-199.

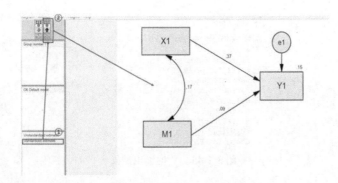

图 3-1-46　路径系数

4. 验证性因子分析

验证性因子分析是依据样本数量，根据变量间相关性的大小对变量进行分组，每组内的变量之间存在较高相关性，意味着这些变量背后有共同的制约因素。验证性因子分析在效度检验中可以用来与预先划定的维度进行比较，判断维度划分合理性。

验证性因子分析的操作步骤：第一，绘制模型图（图 3-1-47）。Amos 做统计分析的第一件事，必须是画图，画出路径图，这是它的特色。该模型包括三个潜在变量，也就是三个维度，每个维度下包含四个选项。具体操作为绘制一个潜在变量，为该潜在变量添加四个显性变量，顺时针旋转潜在变量指标，选中所有变量并复制对象，设定三个潜在变量的相关关系，进行变量微调。

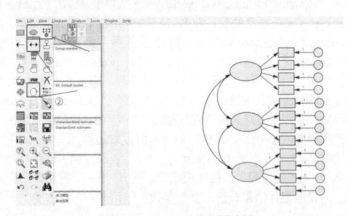

图 3-1-47　Amos 路径图绘制

第二，导入数据并命名变量（图 3-1-48）。依次点击"File"→"Data Files"，选择需要的数据，按照对应关系将数据输入至路径图中，具体的命名方法是双击变量，在弹出窗口的"Variable name"中进行命名，也可以点击"Plugins-Name Unobserved Variables"让系统自动命名。

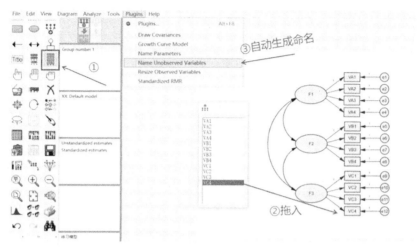

图 3-1-48　Amos 变量命名

第三，模型运算。命名操作完成之后就可以开始运算，按图 3-1-49 所示，在"Analysis Properties"中选择"Output"选项，勾选前四个选项，并将运算结果保存在合适文件夹中。这一步骤完成后的输出结果就是进行效度分析所需要的数据。

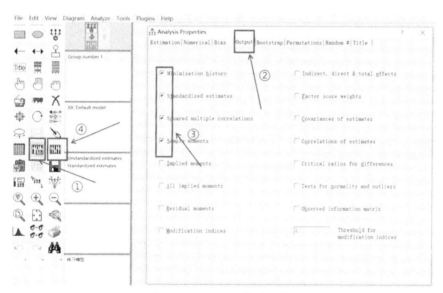

图 3-1-49　Amos 模型运算

第四，展现结果。在模型及数据结果显示区出现"OK"时，说明计算已经完成，点击箭头①会显示计算结果，但这个结果不是我们最终要使用的结果，需要点击"Standardized estimates"（标准化结果），如图 3-1-50 所示。

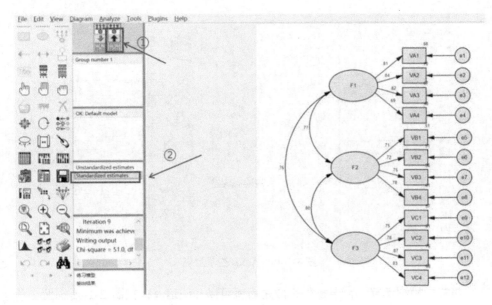

图 3-1-50　Amos 运算结果

　　第五，读取结果。验证性因子分析关注结构效度、聚合效度和区分效度。结构效度是指测量结果体现出来的某种结构与测值之间的对应程度。运行输出结果，结构效度表格重点关注"Model Fit"（图 3-1-51）。

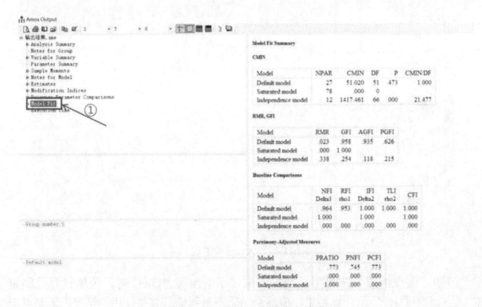

图 3-1-51　Amos 数据输出结果

从 Amos 中可以获取整体拟合系数表的数据，并输入整体拟合系数表（表 3-1-2）中，得出 χ^2/df（卡方自由度比）、RMSEA（近似均方根误差）、GFI（拟合度指数）、AGFI（调整后拟合度指数）、CFI（比较拟合指数）、IFI（增值拟合指数）和 TLI（Tucker-Lewis 指数）。由表 3-1-2 可知，$\chi^2/df=1.000<3$，RMSEA$=0.001<0.05$，GFI$=0.958>0.9$，AGFI$=0.935>0.9$，CFI$=1.000>0.9$，IFI$=1.000>0.9$，TLI$=1.000>0.9$，表明该模型拟合度良好。

表 3-1-2　整体拟合系数表（结构效度）

χ^2/df	RMSEA	GFI	AGFI	CFI	IFI	TLI
1.000	0.001	0.958	0.935	1.000	1.000	1.000

聚合效度的数据主要来自输出结果中的"Estimates"，需要注意的是，聚合效度数据来自"Estimates"中的第二个表格。Amos 不能直接提供"AVE"（聚合效度，又称收敛效度）和"CR"（组合信度），这两个指标需要借助相关的工具计算。把输出的数据结果填入计算工具中，计算出指标后填入因子荷数表（图 3-1-52）。

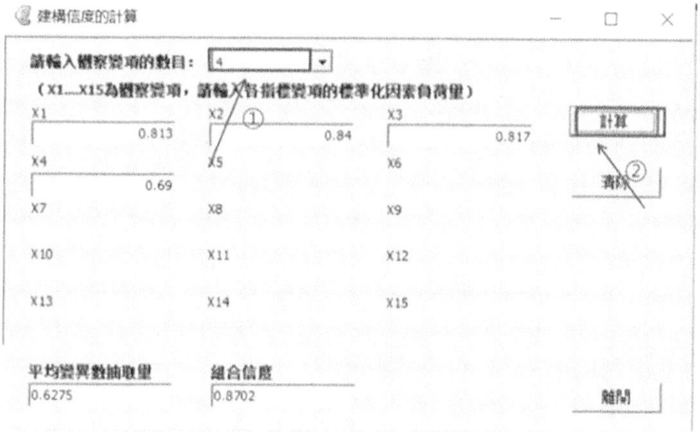

图 3-1-52　Amos AVE、CR 计算结果

依据工具计算出来的结果，可以填入表 3-1-3 因子荷数表中，完成聚合效度的数据分析。因子荷数表包括路径、Estimate（估计量）、AVE（聚合效度）和 CR（组合信度）值。由表中可知，$F1$、$F2$、$F3$ 各个潜在变量对应各个题目的因子载荷数均大于 0.7。说明其各个潜在变量对应所属题目具有很高代表性；各个潜在变量平均方差抽取量 AVE 均大于 0.5，CR 大于 0.8，说明信效度理想。

依据"Estimates"中的"Correlations"表计算区分效度（表 3-1-4），$F1$、$F2$、$F3$ 之间有显著相关性（$p<0.01$），相关系数均小于所对应的 AVE 平方根，说明各个潜在变量之间有一定的相关性，且彼此间有一定区分度，量表区分效度理想。

表 3-1-3　因子荷数表（聚合效度）

路径	估计量	AVE	CR
VA1←F1	0.813		
VA2←F1	0.840		
VA3←F1	0.817	0.627 5	0.870 2
VA4←F1	0.690		
VB1←F2	0.712		
VB2←F2	0.716		
VB3←F2	0.751	0.548	0.828 8
VB4←F2	0.780		
VC1←F3	0.752		
VC2←F3	0.781		
VC3←F3	0.870	0.654 1	0.882 9
VC4←F3	0.827		

表 3-1-4　区分效度

潜在变量	F1	F2	F3
F1	0.63		
F2	0.77	0.55	
F3	0.76	0.30	0.65
AVE 平方根	0.79	0.74	0.81

5. 建立非递归模型

路径分析有两种不同的基本类型，即递归模型和非递归模型，这两种模型的区别主要在于是否具有回溯性或循环因果关系。如果整个路径分析模型中只存在前两种变量关系，那么路径图只存在单向箭头，不会出现循环嵌套路径，这种模型被称为递归模型；如果模型中存在第三种关系，那么模型被称为非递归模型。递归模型是有反馈回路的模型，变量是起因同时又是效应，两个变量可能互相影响。

例如在论文《高校教师科研与教学关系的实证研究》[①]中，作者使用"高校教师工作绩效与胜任特征问卷"对 442 名高校教师进行调查，旨在了解科研与教学之间的关系。结果发现：高校教师教学效能与科研绩效之间是相关而非独立的关系（$r=0.35$，$p<0.001$），通过非递归结构方程模型发现，科研与教学之间是单向的影响

---

① 牛端. 高校教师科研与教学关系的实证研究[J]. 大学教育科学，2018（4）：51-57+126.

关系，即科研绩效显著正向影响教学效能；对高校教师教学效能影响最大的是沟通合作能力（β=0.58），其次是科研绩效（β=0.18），二者共可解释教学效能变异的44%。群组比较发现，普通本科高校与高职（专科）院校教师在结构模型 M3 的路径系数上无显著差异。研究支持高校教师科研与教学之间是"源"与"流"的关系。

非递归模型建立的操作步骤：第一，选择研究数据。本操作使用某研究中 209 个 6—8 年级女生的测试数据，分为 academic（自觉学习能力）、athletic（感知运动能力）、attract（知觉吸引力）、GPA（平均绩点）、height（与平均身高的偏差）、weight（与平均体重的偏差）、rating（身体吸引力排名）七个维度（图 3-1-53）。

*Fels_fem.sav [数据集1] - IBM SPSS Statistics 数据编辑器

文件(F) 编辑(E) 查看(V) 数据(D) 转换(T) 分析(A) 图形(G) 实用程序(U) 扩展(X) 窗口(W) 帮助(H)

	rowtype_	varname_	academic	athletic	attract	gpa	height	weight	rating
1	n		209.00	209.00	209.00	209.00	209.00	209.00	209.00
2	corr	academic	1.00						
3	corr	athletic	.43	1.00					
4	corr	attract	.50	.48	1.00				
5	corr	GPA	.49	.22	.32	1.00			
6	corr	height	.10	-.04	-.03	.18	1.00		
7	corr	weight	.04	.02	-.16	-.10	.34	1.00	
8	corr	rating	.09	.14	.43	.15	-.16	-.27	1.00
9	stddev		.16	.07	.49	3.49	2.91	19.32	1.01
10	mean		.12	.05	.42	10.34	.00	94.13	2.65

图 3-1-53 操作数据在 SPSS 中的呈现

第二，绘制测量模型图。在 Amos 的左侧菜单栏中选取长方形或椭圆形创建变量，选择单箭头或双箭头标示变量间关系，右键单击变量对其命名（图 3-1-54）。

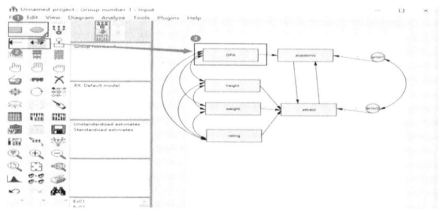

图 3-1-54 绘制非递归测量模型图

第三，点击搜索数据文件按钮，选择所需文件，点击"OK"（图 3-1-55）。

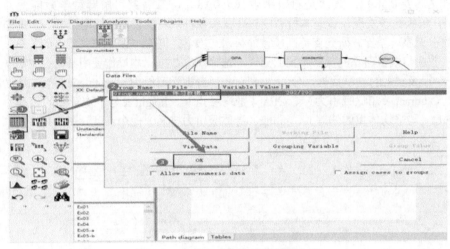

图 3-1-55　选定需要分析的数据文件

第四，分析数据，选择输出结果中的"Minimization history""Standardized estimates""Squared multiple correlations"三项进行测量模型拟合（图 3-1-56）。

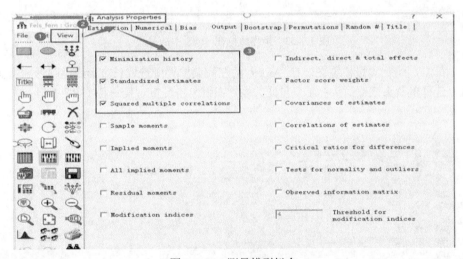

图 3-1-56　测量模型拟合

第五，解释结果。点击输出数据，点击模型注意事项。根据非递归模型的分析结果可知：df=3，χ^2=2.895，p=0.408＞0.05［若稳定系数在（–1，1），则认为模型稳定；若不在此范围内，认为模型不稳定］。这些数据表明观察数据导出的方差协方差矩阵与假设模型导出的方差协方差矩阵不存在显著性差异（图 3-1-57）。

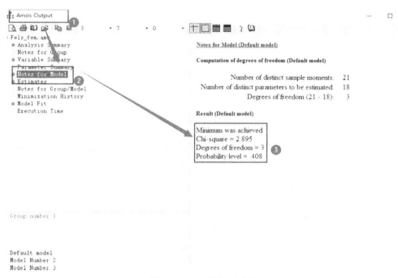

图 3-1-57 数据分析图

6. 建立多群组模型

对不同数据进行同一模型的比较可以依靠 Amos 软件构建多群组模型，例如在论文《基于 Amos 的大学生英语应试技巧研究》①中便是采用 Amos 对多组数据进行比较，结果表明模型与数据的拟合度较高。

多群组模型建立的操作步骤：第一，分别建立数据之间关系的两个模型。先画上 2 个潜在变量，再在每个潜在变量下插入 3 个观察变量，这样初步建立了两个模型，最后再将两个模型之间用双箭头（潜在变量关系）进行关联，表明二者之间有一个协方差（图 3-1-58）。

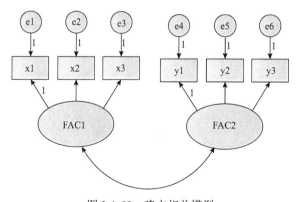

图 3-1-58 建立相关模型

---

① 肖巍，倪传斌. 基于 Amos 的大学生英语应试技巧研究[J]. 现代教育技术，2015，25（8）：74-80.

第二，将所需要分析的数据通过 SPSS 进行导入，具体过程如图 3-1-59 所示。

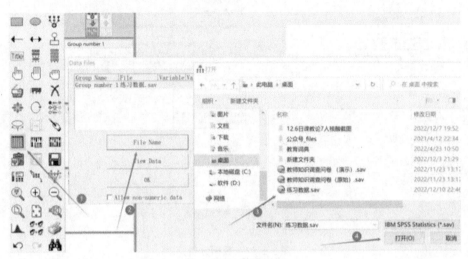

图 3-1-59　导入数据

第三，命名两个潜在变量 FAC1 和 FAC2，再将数据一一拉入所选的观察变量中，形成两个模型（图 3-1-60）。

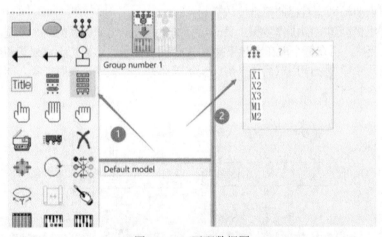

图 3-1-60　匹配数据图

第四，比较模型。在比较模型时需要双击两个潜在变量 FAC1 和 FAC2 设定的双箭头（潜在变量关系），并将其设定为 $W1$，然后进行计算，得出协方差为 0.16，表明该模型不具有显著差异（图 3-1-61）。

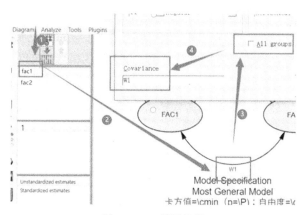

图 3-1-61　模型比较

7. 建立均值结构模型

均值结构模型（mean structure models）可用于检验不同组别因子均值是否有显著差异。在结构方程模型中，均值结构是一种统计模型，用于表示一个变量的均值是如何受到其他变量影响的。通常情况下，均值结构模型会假设一个变量的均值可以由一个或多个其他变量的线性组合来表示。这种线性组合的参数称为回归系数，可以用来表示每个影响因素对均值的重要程度。通过对均值结构模型进行拟合，可以估计出这些回归系数的值，并用这些值来预测变量的均值。

下面以 User Guide（用户指南）文件数据为例，说明均值结构模型建立的操作步骤：第一，建立模型。分别设置青年组和老人组的两组模型，再将文件中的"recall1"和"cued1"数据分别进行连接（图 3-1-62）。

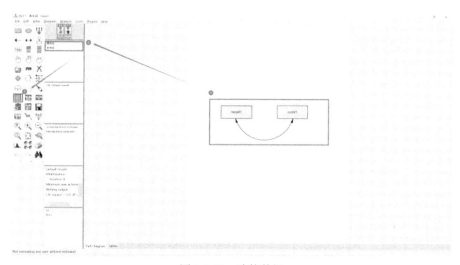

图 3-1-62　连接数据

第二，命名变量的方差和协方差，分别命名为var-rec、var-cue、cov-rc。

第三，进行模型检验。基于对多组模型的学习，对该模型进行检验，检验结果如图3-1-63所示。卡方检验的显著性大于0.05，这表示该模型是可以接受的。

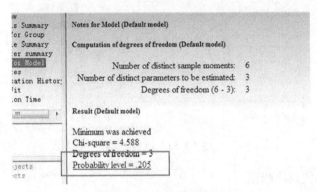

图 3-1-63　检验结果

第四，进行均值检验。对两组模型进行均值检验，选择菜单栏中的"View"，依次点选"Analysis Properties"→"Estimation"→"Estimate means and intercepts"（图3-1-64）。

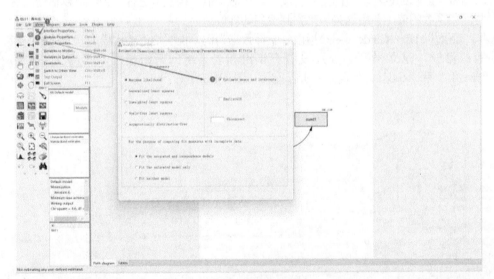

图 3-1-64　均值检验

第五，假定对于青年组和老年组，recall1 和 cued1 均值相同，在 recall1 变量的"Mean"栏中输入 mean_rec，在 cued1 变量的"Mean"栏中输入 mean_rec，点选"all groups"（图3-1-65）。

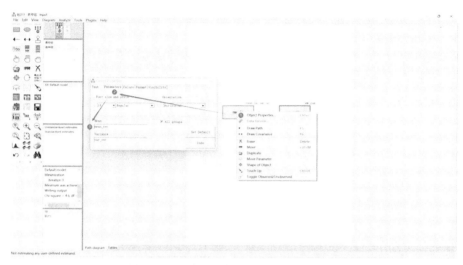

图 3-1-65　赋予两个变量的方差相同命名

通过计算，得到结果如图 3-1-66 所示，可知卡方检验 $p=0.002<0.05$，说明该模型应该被拒绝。也就是说前述假定是不成立的，证明青年组和老年组的这两组模型的均值不相同。

图 3-1-66　计算的结果

8. 建立交叉滞后模型

交叉滞后模型是一种在纵向追踪研究中，用于分析同一批样本多次测量数据间因果关系的方法，它主要研究变量间的相互作用。

"交叉"主要指它既研究 A 对 B 的关系，又研究 B 对 A 的关系；"滞后"指它可以分析不同时间点上变量间的关系。在运用此模型时，研究者需至少对两个变量在不同时间点进行两次或两次以上的测量。

在交叉滞后模型中，同一变量在不同时间点的影响称为自回归；同一时间点的不同变量间的关联可视为协方差。但研究者要重点关注不同时间点上不同变量间的关系。对于交叉滞后的分析，可以通过 Amos 软件实现。下面使用 Amos 说明如何判断交叉滞后模型是否成立。

在图 3-1-67 所示的模型图中，$\beta1$ 与 $\beta2$ 代表了交叉滞后的两条路径。$\beta1$ 显著说明在前测时的 A 影响后测时的 B，$\beta2$ 显著则说明在前测时的 B 影响后测时的 A，都显著就说明相互影响。

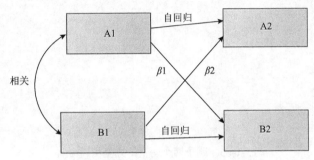

图 3-1-67　交叉滞后模型示例

交叉滞后模型建立的操作步骤：第一，运用已有问卷数据，假设前测下两个变量 $X1$、$Y1$，后测下两个变量 $X2$、$Y2$，前后测的残差项分别为 $e1$、$e2$。根据上述变量绘制交叉滞后模型图（例见图 3-1-68），进行交叉滞后分析。

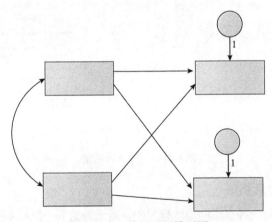

图 3-1-68　绘制示例模型图

第二，绘制好模型图后，在 Amos 中导入数据。具体步骤为：点击"File"→"Data Files"→"File Name"→"OK"，数据导入后，将数据中的 $X1$、$Y1$、$X2$、$Y2$ 分别导入方框中，同时将残差项也填入（图 3-1-69）。

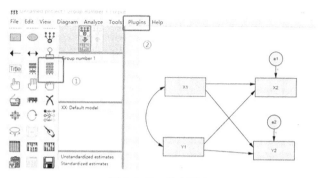

图 3-1-69　数据导入

第三，导入数据后，开始运行。运行前，需要对数据分析进行设置（图 3-1-70）。这里选中的"Minimization history"指最小化过程，"Standardized estimates"指标准化的估计值，"Modification indices"指修正指标。

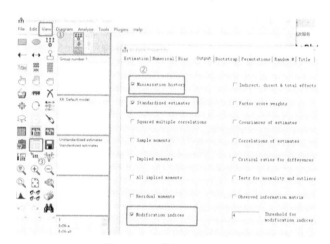

图 3-1-70　数据运行过程

第四，运行成功后，点击"Estimates"项，重点看"*X1-Y2*"与"*Y1-X2*"显示的值，如图 3-1-71。

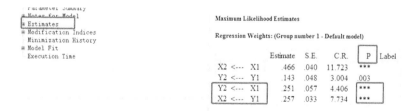

图 3-1-71　运行结果

在该示意图中，"Estimates"为实际估计值，若 $p<0.001$ 就用"***"表示，说明两者之间存在显著性关系。"X1-Y2"与"Y1-X2"的 p 值都小于 0.001，说明存在显著性关系。

例如，在论文《初中生同伴关系与学业适应的关系：交叉滞后分析》[①]中，作者就是使用 Amos 对学生在两次考试中所取得的数据进行交叉滞后分析，探讨同伴关系与学业适应之间的交叉滞后联系，得出如下结论：朋友消极行为和不良行为与初中生学业适应存在显著相关，学业适应良好的初中生拥有良好的同伴关系的可能性更高。由此可知，研究者在进行追踪研究时，采用 Amos 对其进行交叉滞后分析，会使研究变得更容易。

综上所述，Amos 具有建立结构方程模型、方差估计和假设检验、验证性因子分析、建立非递归模型等功能。其显著优势在于拥有与 SPSS 相似的直观图形界面，用户仅需通过简单的鼠标点击操作即可构建和检验结构方程模型。然而，从功能角度看，Amos 的功能相对有限，大致仅为 Mplus 功能的五分之一。对于常规线性模型分析，Amos 足以胜任，但对于更复杂深入的分析则显得力不从心。例如，在心理学和管理学领域广泛应用的调节中介作用模型，Amos 就较少被采用，研究者更多依赖 Mplus 或 SPSS 的 Process 插件。因此，建议用户根据自身学习和需求选择适合的软件工具。

（三）基于 Amos 的论文示例

以论文《大学生情绪智力对学业成就的影响——基于结构方程模型实证研究》[②]为例，作者通过理论综述得出：情绪智力可能与人际关系、学业参与、学业成就存在因果关系，人际关系可能与学业参与、学业成就存在因果关系，学业参与可能与学业成就存在因果关系，其中人际关系、学业参与是中间潜在变量。所选择的测量量表显示，情绪智力的测量指标包括情绪感知、调控自我、调控他人、情绪运用；人际关系的测量指标包括交流沟通、结交朋友、待人接物、异性相处；学业参与的测量指标包括规则性参与、过程性参与、自主性参与；学业成就的测量指标包括专业素养、核心能力、学习成绩。基于此，可以构建结构方程模型。

具体过程如下：

第一，绘制潜在变量。作者在论文中指出了情绪智力、人际关系、学业参与、学业成就四个潜在变量，因此在绘制潜在变量时画出四个圈（图 3-1-72）。

第二，绘制显性变量（图 3-1-73）。显性变量为前述情绪智力、人际关系、学业参与、学业成就的测量指标。

第三，绘制潜在变量关系。作者通过理论综述提出，情绪智力可能与人际关系、

[①] 韩小燕. 初中生同伴关系与学业适应的关系：交叉滞后分析[D]. 济南：山东师范大学，2015.

[②] 吴峰，王曦. 大学生情绪智力对学业成就的影响——基于结构方程模型实证研究[J]. 教育学术月刊，2017（1）：59-65.

学业参与、学业成就存在因果关系，人际关系可能与学业参与、学业成就存在因果关系，学业参与可能与学业成就存在因果关系。在此可以根据设想的潜在变量位置绘制相应的关系（图 3-1-74）。

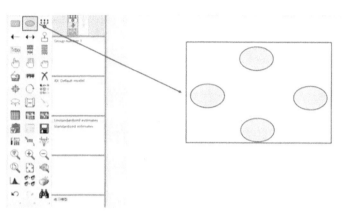

图 3-1-72　绘制潜在变量

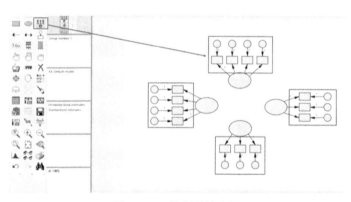

图 3-1-73　绘制显性变量

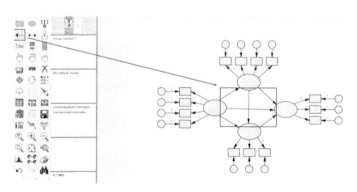

图 3-1-74　绘制潜在变量关系

第四，绘制残差变量。凡是箭头指向的变量都要绘制残差变量。在此论文中，人际关系、学业参与和学业成就均需设置残差变量（图 3-1-75）。

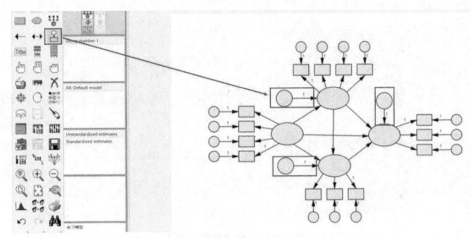

图 3-1-75　绘制残差变量

第五，命名各变量。双击潜在变量和观察变量的图像，进入编辑界面为变量命名。可以通过"Plugins"→"Name Unobserved Variables"为所有潜在变量顺序命名（图 3-1-76）。

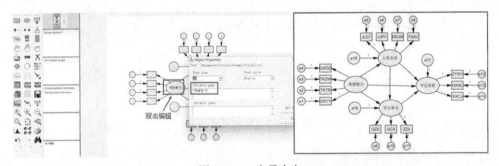

图 3-1-76　变量命名

第六，编辑标题。添加路径图标题（Title），这里添加的是 χ^2，结构方程模型中 χ^2 的意义是"预设模型中得到的参数所导出的协方差矩阵和实际测量数据的协方差矩阵之间差异程度的残差"，因此 χ^2 越大代表模型和数据相差越大，所以 χ^2 越小越好（图 3-1-77）。

第七，保存文件。将文件保存到相应文件夹里。构建好结构方程模型后，就需要对其进行分析，如果通过问卷采集的数据能够很好地拟合结构方程模型，那么说明分析的关系假设是成立的，反之则不成立。

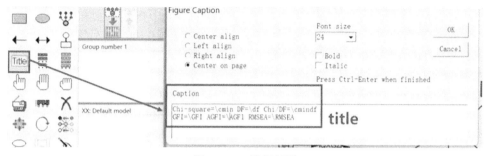

图 3-1-77　编辑标题

接下来以论文《助人行为影响因素的多群组结构方程模型分析》[1]为例，介绍多群组模型的建立。该研究进一步考察在不同学段下，社会支持对自尊与移情能力之间中介关系模型的差异。首先，对高中生和大学生两群体的数据建立模型，模型拟合程度指标达到可接受水平（χ^2=1385.26，df=298，χ^2/df=4.65，GFI=0.90，AGFI=0.91，RMSEA=0.045），以此为基础建构多群组结构方程模型（图 3-1-78）。高中生组的模型路径结果，95% 的 Bootstrap 间接效果为［0.20，0.40］，直接效果为［0.09，0.33］，上、下区间都不包含 0；且 Sobel 检验总效果、直接效果和间接效果的 Z 值均大于 1.96（p<0.05），此模型中介效应显著；提示对于高中生而言，社会支持对于

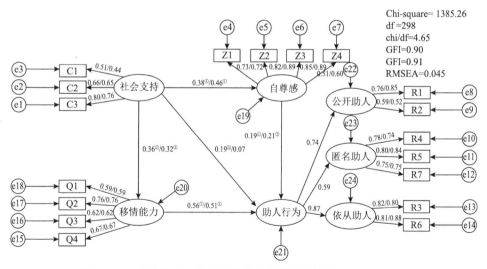

图 3-1-78　高中生与大学生的结构方程模型对比图（n=818/973）
注：p<0.05，各因子负荷量及路径系数从左往右依次为高中生组、大学生组

① 陈友庆，金洁琼，宋恩赐. 助人行为影响因素的多群组结构方程模型分析[J]. 教育生物学杂志，2022，10（5）：380-386.

助人行为存在直接的正向预测作用，并通过移情和自尊的中介作用影响助人行为。大学生组的模型路径结果显示，95%的 Bootstrap 间接效果［0.13，0.27］的上、下区间不包含 0；但直接效果为［–0.02，0.12］，该区间经过 0，且 Sobel 检验直接效果的 Z 值小于 1.96（$p>0.05$）；提示对于大学生而言，社会支持对于助人行为不存在直接的正向预测作用，但会通过移情和自尊的完全中介作用影响助人行为。

检查 3 个模型的拟合优度指标，M1 为基准模型，M2 设置为测量权重相等模型，M3 设置为结构路径相等模型。由表 3-1-5 可知，M2 与基线模型比较差异不显著（$\Delta\chi^2=0.06$），说明不同学段对助人行为的载荷具有恒等性。M3 与基线模型比较，发现结构路径差异显著（$\Delta\chi^2<0.01$），因此进一步分析高中生和大学生组的模型评估结果以及标准化路径系数。

表 3-1-5　两学段的多群组分析

模型	χ^2	df	χ^2/df	$\Delta\chi^2$	CFI	GFI	AGFI	RMSEA
M1	756.02	254	2.98	—	0.96	0.95	0.94	0.33
M2	776.20	266	2.92	0.06	0.96	0.95	0.94	0.33
M3	792.64	273	2.90	0.00	0.95	0.95	0.94	0.33

注：M1 为基准模型，M2 为设置测量权重相等的模型，M3 为结构路径相等模型

三、SmartPLS 操作与学术论文示例

（一）SmartPLS 软件简介

SmartPLS 是一款基于 PLS-SEM（partial least squares-structural equation modeling，基于偏最小二乘法的结构方程模型）算法的数据分析软件，其融合了尖端技术与直观界面，提升了数据分析效率。它在管理学、市场营销等领域广泛应用，核心原理是偏最小二乘法统计分析。其最新版本功能强大，支持多种算法，用户可轻松构建和估计 PLS 路径模型。此外，SmartPLS 还提供多种算法、预测能力评估等功能，满足用户多样化需求，包括判别有效性评估等高级功能，支持解释性、预测性和验证性复合分析。

（二）SmartPLS 基本操作

中介变量是一个重要的统计概念，如果自变量 X 通过某一变量 M 对因变量 Y 产生一定影响，则称 M 为 X 和 Y 的中介变量。中介作用是研究 X 对 Y 的影响时，是否会先通过中介变量 M，再去影响 Y，即是否有 $X{\rightarrow}M{\rightarrow}Y$ 这样的关系，如果存在此种关系，则说明具有中介效应。比如工作满意度（X）会影响到创新氛围（M），再影响最终工作绩效（Y），此时创新氛围就成为这一因果链中的中介变量。研究中介作

用的目的是在已知 X 和 Y 关系的基础上，探索产生这个关系的内部作用机制。在这个过程中可以把原有的关于同一现象的研究联系在一起，将原来用来解释相似现象的理论整合起来，从而已有的理论更为系统。中介变量的研究不仅可以解释关系背后的作用机制，还能整合已有的研究或理论，具有显著的理论和实践意义。

1. 建立中介模型

中介模型建立的操作步骤：

第一，建立项目和导入数据。打开 SmartPLS，点击左上角的"New project"，在"Name"下面的框里输入一个项目名（以 project 为例），输入完成后，选择"Create"，创建文件夹成功；在项目管理器中就产生了新的项目，点开出现"Import file data"和"Create model"。创建好文件夹之后，点击"Import data file"，选择提前在电脑上存好的 csv 格式的数据库文件，点击导入即可。点击左上角"Back"回到刚才页面，点击"project"下面的"Create model"，在"Model type"框中选择第一个选项"PLS-SEM"，然后在"File name"里自定义一个文件名（图 3-1-79）。

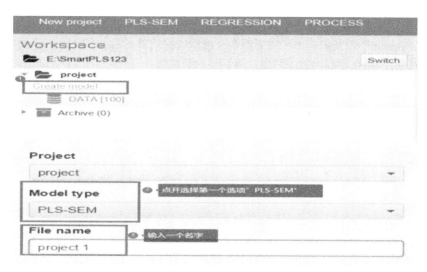

图 3-1-79　创建项目

第二，构建模型图。创建完成后，回到刚才的页面，双击打开刚创建的模型，选中左侧数据库中相同字母开头的数据，拖动到右侧空白处，然后点击键盘上的"Enter"键，完成后选中圆形，在右侧的操作栏中对数据箭头的方向进行调整，重复操作。在空白处共拖入三组数据，箭头方向朝外。调整好后点击上方操作栏中的"Select"，点击"ITV"的圆，出现连线指示后拖动鼠标连接"ITV"和"INT"、"ITV"和"ITB"，选中"INT"，连接"INT"和"ITB"，便会出现三组数据连接的结果（图 3-1-80）。

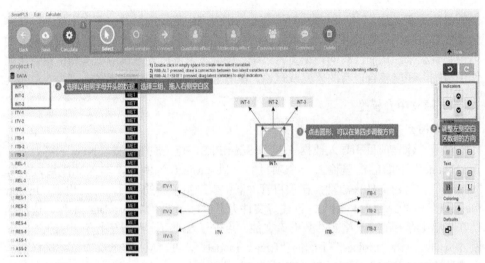

图 3-1-80　构建模型

第三，计算结果。点击上方操作栏中的"Calculate"，选择第一个选项"PLS-SEM algorithm"，就能得出所需要的中介模型数据结果（图 3-1-81）。用 PLS-SEM 计算数据后，可在左列的数据结果查询需要的数据值。

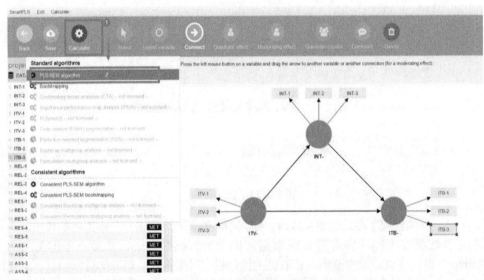

图 3-1-81　PLS-SEM 算法

操作步骤如下：打开"Final results"，点击"Path coefficients"，点击"List"查看每条路径系数；点击"Indirect effects"，选择"Specific indirect effects"可查看 INT 的中介效应；点击"Latent variables"，选择"Correlations"查看各个变量间的

相关性；打开"Quality criteria"，依次点击"R-square"和"f-square"可分别查看 R^2 和 F^2 的值；点击"Discriminant validity"，选择"Heterotrait-monotrait（HTMT）-Matrix"（异质-单质比率）和"Fornell-Larcker criterion"（福内尔-拉克尔准则）可查看评估区分效度；点击"Collinearity statistics（VIF）"可查看"VIF"（共线性统计量）（图 3-1-82）。

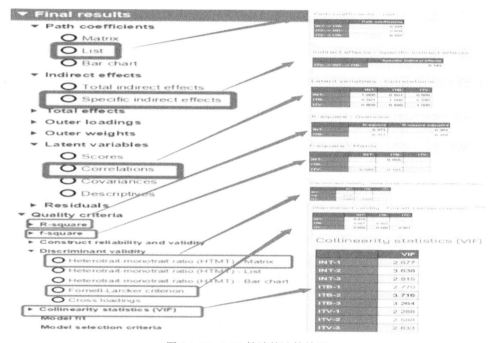

图 3-1-82　PLS 算法的计算结果

第四，点击"Bootstrapping"（自助法），检验中介模型的显著性。采用自助法旨在查看显著性和置信区间，其具体操作步骤和 PLS-SEM 算法一样，在最后一步选择"Bootstrapping"，即可在左侧点击查看相关数据。其具体内容和相关步骤如下：打开"Final results"，点击"Path coefficients"，点击查看"Confidence intervals"（置信区间）；点击"Total indirect effects"（总中介效应），选择查看"Confidence intervals"；点击"Specific indirect effects"（具体中介效应），选择查看"Confidence intervals"（图 3-1-83）。

由图 3-1-84 可知，中介变量"INT"在"ITV"和"ITB"之间尚未发挥中介作用，95%置信区间为[−0.026，0.489]，其中介效应不显著。其中，第一条路径（ITV→INT）系数为 0.609，第二条路径（INT→ITB）系数为 0.234，直接路径（ITV→ITB）系数为 0.437。

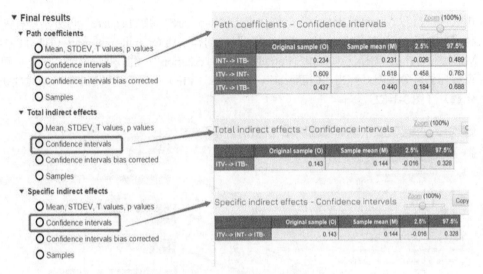

图 3-1-83　自助法的计算结果

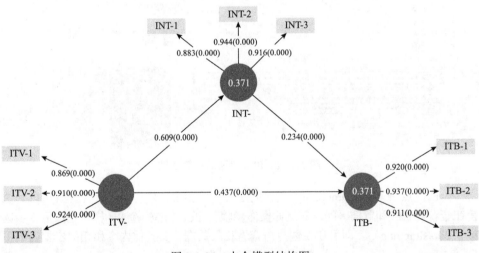

图 3-1-84　中介模型结构图

2. 建立二阶模型

二阶模型建立的操作步骤：

第一，设置潜在变量。首先点击菜单栏中的"latent variable"，创建一个潜在变量，将其命名为"RE"。其次，点击菜单栏中"Select"，分别将"REL"和"RES"维度中的所有变量拉入到白板中。再者，点击菜单栏中"Connect"，将变量"REL""RES"和潜在变量"RE"连接在一起（单向箭头）。最后将"REL"和"RES"维度中的所有变量拉到潜在变量"RE"中（图 3-1-85）。

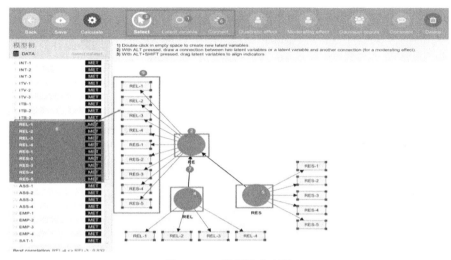

图 3-1-85　设置潜在变量

第二，构建二阶模型图。首先，点击菜单栏中的"Select"，分别将"INT"和"ITB"两个维度中的变量拉入到白板中。其次，点击菜单栏中的"Connect"，点击潜在变量"RE"，将其分别与"INT"和"ITB"两个维度连接在一起。再次，将"INT"和"ITB"两个维度连接在一起（单向箭头）。最后，可将各维度中的变量进行隐藏。如随意选中一个维度，右键点击，选择"Hide indicators"，即可将其进行隐藏。若想查看各变量，可重复上述操作，选择"Show indicators"（图 3-1-86）。

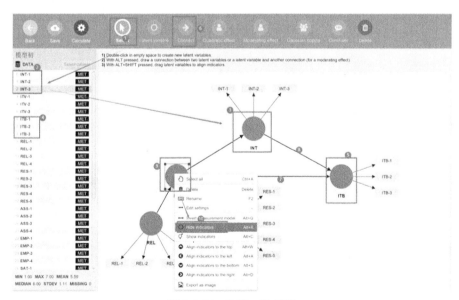

图 3-1-86　构建二阶模型

第三，计算数据。首先点击菜单栏中的"Calculate"，选择"PLS-SEM algorithm"，点击右下角蓝色按键"Start calculation"。用 PLS 计算完数据后，可在左列的数据结果中查询需要的数据值。其操作步骤与"建立中介模型"相关内容相同。

第四，点击"Bootstrapping"，计算显著性和置信区间（图 3-1-87）。

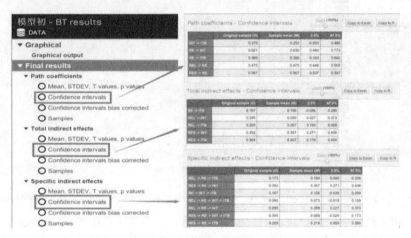

图 3-1-87　自助法的计算结果

最终结构模型如图 3-1-88 所示。模型显示：中介变量"INT"在"REL""RES"和"ITB"之间尚未发挥中介作用，95%置信区间为[–0.053，0.485]，其中介效应并不达到显著。其中，第一条路径（RE→INT）系数为 0.621，第二条路径（INT→ITB）系数为 0.270，直接路径（RE→ITB）系数为 0.369。

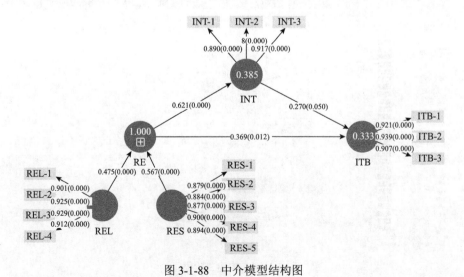

图 3-1-88　中介模型结构图

3. 建立有调节的中介模型

除检验中介效应外，研究者有时也需要检验调节效应。研究者经常使用调节效应（moderating effect）分析多个变量之间的关系。当自变量 X 与因变量 Y 的关系受到第三个变量 Z 影响时，Z 称为调节变量[①]。SmartPLS 4.0 也支持调节效应，接下来以选择 ASS 为调节变量为例，探索 ITV 对 ITB 的影响是否会受到 ASS 干扰。

有调节的中介模型建立的操作步骤：

第一，建立调节模型。操作者可以直接点击"shift"键将左侧的调节变量"ASS1-ASS4"拖拽到右侧图中。然后就可以得到如图 3-1-89 右侧的调节模型。在模型已经存在的交互关系的基础上，再与额外的调节变量连起一条路径[②]。具体操作：点击最上端的"Connect"选项，将调节变量连到"ITV"和"ITB"连接线上，从而建立起调节关系并自动生成交互项。如果想要在图上看调节变量对"ITV"和"ITB"的影响关系，也可以直接给它们连上路径，对图形进行拖拽调整（这里只以ASS 对"ITV→ITB"这条路径为例进行展示）。

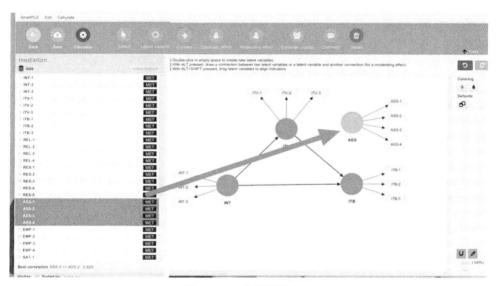

图 3-1-89　构建调节模型

第二，计算结果。点击左上角的计算，选择"PLS-SEM algorithm"选项，再点击右下角的"Start calculation"选项，模型图上就会显示出路径系数。点击"Path

[①] 方杰，温忠麟，欧阳劲樱，等. 国内调节效应的方法学研究[J]. 心理科学进展，2022（8）：1703-1714.

[②] Becker J M，Ringle C M，Sarstedt M. Estimating moderating effects in PLS-SEM and PLSc-SEM: Interaction term generation* data treatment[J]. Journal of Applied Structural Equation Modeling，2018，2（2）：1-21.

coefficients"选项中的"List"选项，可以得到所有的路径系数。其中，"ASS×ITV→ITB"表示调节变量 ASS 对 ITV 和 ITB 之间关系的调节作用，以此类推可以得出全部路径的表示方式。随后，点击"Simple slope analysis"选项，可以得到调节效应的简单斜率（图 3-1-90）。图中是因变量 ITB 的简单斜率，三条线从下到上分别指小于一个标准差、均值、高于一个标准差，可以在左侧进行切换。简单斜率图可以拷贝到文档中。点击"Copy chart"再导出，在文档中粘贴即可。

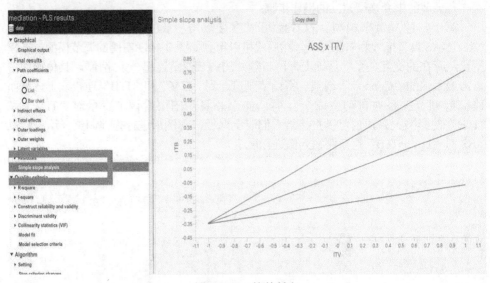

图 3-1-90　简单斜率

第三，计算显著性。点击页面上端"Back"，点击"Bootstrapping"，然后点击"Start calculation"，此时图中呈现出路径系数和显著性。在页面左侧可以进行切换，系数的位置也可以进行拖拽调整。在页面上端四个选项"Outer model""Construct""Inner model""Highlight paths"中任选一个，都可以切换显示的数据，接着点击"Final results"选项中"Path coefficients"，可得出调节效应的显著性（图 3-1-91）。

（三）基于 SmartPLS 的论文示例

参考论文《背包客身份认同对主观幸福感的影响》[①]，展示如何在论文中运用 SmartPLS 软件进行数据分析。首先，构建一个包含多个关键指标的表格（表 3-1-6），以清晰呈现 Constructs（维度/构念）、Items（题项）、Loading（因子载荷）、

---

① 赵丽君，陈钢华，胡宪洋. 背包客身份认同对主观幸福感的影响[J]. 浙江大学学报（理学版），2022，49（2）：249-260.

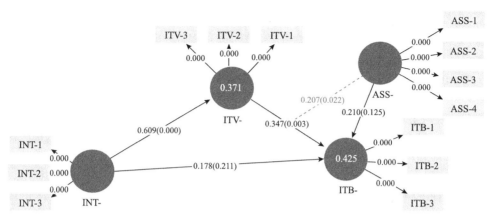

图 3-1-91 调节效应的显著性检验

Cronbach's α（信度系数）、CR（组合信度）、AVE（平均方差提取量）以及 R^2（决定系数）等数据。Constructs 是指研究的理论构念，在结构方程模型中通常被称为潜在变量，如"背包客身份认同"和"主观幸福感"。Items 则是用于测量这些构念的具体条目或问题。Loading 反映了项目与对应的构念之间的关联程度，其值越高，说明项目对构念的测量越有效。α 系数用于评估量表的内部一致性，其值越接近 1，说明量表的信度越高。CR 也是衡量量表可靠性的重要指标，它反映了构念内部项目的一致性程度。AVE 用于衡量构念的有效性和聚合效度，它反映了构念所能解释的变异量。一般来说，AVE 应大于 0.5，表明构念具有较好的聚合效度。R^2用于衡量模型的预测能力，即构念对主观幸福感的解释程度，较高的 R^2值说明模型具有较强的预测效力。SmartPLS 软件可以快速计算这些指标，并将结果整理成表格，以便在论文中清晰展示数据分析结果。

表 3-1-6 数据分析示例

维度	题项	因子载荷	α	CR	AVE	R^2
INT	INT-1	0.883				
	INT-2	0.944	0.904	0.939	0.837	0.371
	INT-3	0.916				
ITB	ITB-1	0.920				
	ITB-2	0.937	0.913	0.945	0.851	0.371
	ITB-3	0.911				
ITV	ITV-1	0.869				
	ITV-2	0.910	0.885	0.928	0.812	
	ITV-3	0.924				

注：R^2取值为 0—1，其数值大小反映了回归贡献的相对程度，即在因变量 Y 的总变异中回归关系所能解释的百分比

β（标准回归系数）是指消除了因变量和自变量所取单位的影响之后的回归系数，其绝对值的大小直接反映了自变量对因变量的影响程度。标准回归系数的比较结果只适用于某一特定环境，而不是绝对正确，它可能因时因地而变化。一般情况下，β 应小于 0.2，甚至 0.1，对应的把握度为 80% 或 90%。t 指的是 T 检验（Student's T test），主要用于样本含量较小（$n<30$），总体标准差 σ 未知的正态分布资料。p 即概率，反映某一事件发生的可能性大小。统计学根据显著性检验方法所得到的 p 值，一般以 $p<0.05$ 为有统计学差异，$p<0.01$ 为有显著统计学差异，$p<0.001$ 为有极其显著的统计学差异。其含义为，由抽样误差导致的样本间的差异，其概率小于 0.05、0.01、0.001。实际上，p 值不能赋予数据任何重要性，只能说明某事件发生的概率。95%CI 在统计报告中表示 95% 的置信区间（confidence interval, CI）与 a=0.05 的假设检验等价。CI 指按一定的概率估计总体参数所在的范围，是由样本统计量所构造的总体参数的估计区间。CI 可用来估计总体参数。CI 的范围愈窄，用样本指标估计总体参数的可靠性愈好。在统计学中，一个概率样本的 CI 是对这个样本的某个总体参数的估计区间（表 3-1-7）。

表 3-1-7　中介模型置信区间

路径关系	β	t	p	95%CI	
				LL	UL
INT→ITB	0.234	1.760	0.078	−0.026	0.489
ITV→ITB	0.437	3.446	0.001	0.184	0.688
INT→ITV	0.609	7.806	0.000	0.458	0.763

继续使用 SmartPLS 4.0 对模型中关于变量间调节作用的假设进行检验。通过 SmartPLS 4.0 对模型进行路径参数估计，然后利用自助法（Bootstrapping）对原始数据选取容量为 5000 的重抽样样本，在此基础上检验路径系数显著性。表 3-1-8 列出了各路径关系系数及其检验结果。可以看出，INT 在 ITV 与 ITB 的关系中无中介效应。

表 3-1-8　结构模型参数评估

路径关系	β	t	结果
INT→ITV	0.609	7.806	支持
INT→ITB	0.234	1.760	不支持
ITV→ITB	0.437	3.446[***]	支持

注：*** 表示 $p<0.001$

此外，参考《非全日制专业学位研究生教学模式的创新与实践——教育品牌的调节作用》①《手机使用对用户健康的负面影响研究——以大学生为调查对象》②《职业女性网络健康信息搜寻行为影响因素及社会支持的调节效应研究》③三篇文献，可以厘清有调节的中介模型的创建思路。

首先，基于已有研究及理论分析建立如下假设：ASS 越高，ITV 对 ITB 的正向影响作用越强，即 ASS 在 ITV 与 ITB 的关系中发挥正向调节作用，并建立研究模型框架，如图 3-1-92。

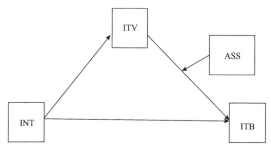

图 3-1-92　研究模型框架

其次，采用 SmartPLS 4.0 进行模型验证。信度检验通过 α 系数、CR 和 AVE 测试。如表 3-1-9 所示，变量的 α 系数均大于 0.9，CR 均大于 0.9，AVE 均大于 0.8，说明研究所使用问卷具有良好的信度及收敛效度。

表 3-1-9　测量模型信度检验

维度	α	CR	AVE
ASS	0.938	0.955	0.842
INT	0.904	0.939	0.837
ITB	0.913	0.945	0.851
ITV	0.885	0.928	0.812

区别效度采用因子 AVE 值平方根与因子间相关系数矩阵检验，如表 3-1-10 所示。各潜在变量 AVE 的平方根值均高于该变量与其他潜在变量之间的相关系数，说明量表具有较好的区别效度。此外，异质-单质比率 HTMT 检测结果，所有构念之间的 HTMT 值均小于 0.85，表明构念间具有良好的区别效度。

① 刘心报，周志平，陈先环，等. 非全日制专业学位研究生教学模式的创新与实践——教育品牌的调节作用[J]. 研究生教育研究，2022（2）：9-16.

② 付少雄，林艳青. 手机使用对用户健康的负面影响研究——以大学生为调查对象[J]. 图书情报知识，2019（2）：120-129.

③ 夏佳贝，邓朝华，吴泰来. 职业女性网络健康信息搜寻行为影响因素及社会支持的调节效应研究[J]. 图书情报工作，2020（23）：53-62.

表 3-1-10　区别效度检测及 HTMT 测量结果

维度	ASS	INT	ITB	ITV	ASS	INT	ITB	ITV	ASS×ITV
ASS	0.918								
INT	0.430	0.915			0.465				
ITB	0.418	0.499	0.923		0.446	0.530			
ITV	0.488	0.609	0.580	0.901	0.530	0.664	0.632		
ASS×ITV					0.186	0.091	0.237	0.107	

然后，使用 SmartPLS 4.0 对模型中关于变量间调节作用的假设进行检验。最后，通过 SmartPLS 4.0 对模型进行路径参数估计，利用自助法对原始数据选取容量为 5000 的重抽样样本，在此基础上检验路径系数 β 的显著性。如表 3-1-11 所示，可以看出在调节效应中，ASS 在 ITV 与 ITB 的关系中发挥着显著的正向调节作用（$\beta=0.207$，$p<0.05$）。

表 3-1-11　结构模型参数评估

路径关系	β	t	结果
INT→ITV	0.609	7.805[***]	支持
ITV→ITB	0.347	2.991[**]	支持
INT→ITB	0.178	1.251	不支持
ASS→ITB	0.210	1.533	不支持
ASS×ITV→ITB	0.207	2.287[*]	支持

注：*表示 $p<0.05$，**表示 $p<0.01$，***表示 $p<0.001$

第二节　撰写质性研究类论文：学会质性研究工具

质性研究是学术研究的重要组成部分，它侧重于深入挖掘研究对象的内在本质，以理解为主导。在撰写质性研究类论文时，研究者需要熟练运用访谈、观察、内容分析等质性研究方法和工具，以便更全面、深入地探讨研究问题。下面将以 NVivo 和 ATLAS.ti 两款质性研究工具为例，结合实例介绍这些软件的基本操作流程。

一、NVivo 操作与学术论文示例

（一）软件简介

NVivo 是一款功能强大的质性分析软件，它能够按照用户想法处理分析文字（word 和 pdf 格式等）、图片、音频、视频等多种不同类型的数据。NVivo 的核心功能包括进行多种质性数据分析，如内容分析、主题分析等。此外，它还可以生成词云和词语树等可视化工具，帮助研究者更直观地理解数据。NVivo 广泛应用于社会科学研究各个领域，如心理学、社会学、教育学等，是质性研究者的重要工具之一。

（二）基本操作

1. 创建项目

打开软件，新建项目后，依次点击"导入"→"文件"，可以导入文档、音频或视频等（图 3-2-1）。在弹出界面设置文档属性后，双击文件名称，右侧会弹出文章内容。

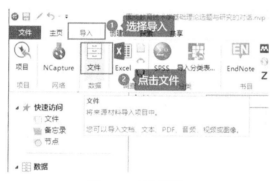

图 3-2-1 导入界面

2. 查询词频

选择主页中的查询，点击"此文档中的词频查询"（图 3-2-2）。

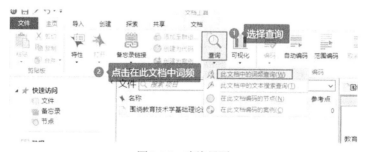

图 3-2-2 查询界面

随后会出现词频查询结果页面，根据自身需要设置项目特性后，点击"运行查询"，出现运行结果（图 3-2-3）。另外，点击右边的"词语云"，可以自动生成词云图。点击"矩形式树状结构图"，可以看到自动生成的矩形式树状结构图。

图 3-2-3 词频查询初始化界面

3. 文本编码

（1）自动编码

该软件可以自动对文本中大量的主题和情感等信息进行分组。下面将基于模式的自动编码对数据进行编码。在"文件栏"中右击想要编码的文件，点击"自动编码"。进入自动编码向导页面，可以选择"识别主题""识别情感""发言人姓名""使用样式或结构""使用现有的编码模式"。在这里选择"识别主题"，点击"下一步"（图3-2-4）。

对文本段落进行编码时，可以选择"编码句子"和"编码段落"。这里选择"编码句子"，选择完成后点击"下一步"（图3-2-5）。

点击"下一步"且手动输入自动编码的主题后，点击"完成"，可以得到系统自动编码的结果（图3-2-6），点击"汇总"，可以看到所有的编码数（图3-2-7）。

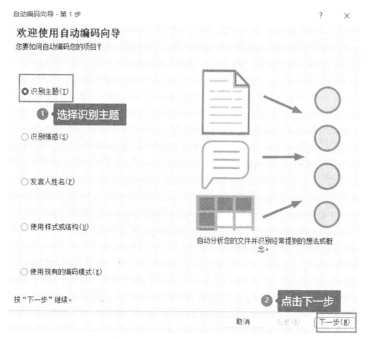

图 3-2-4 选择编码类型界面

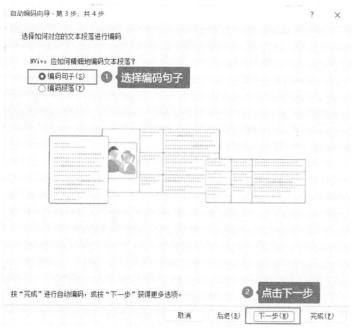

图 3-2-5 选择编码句子界面

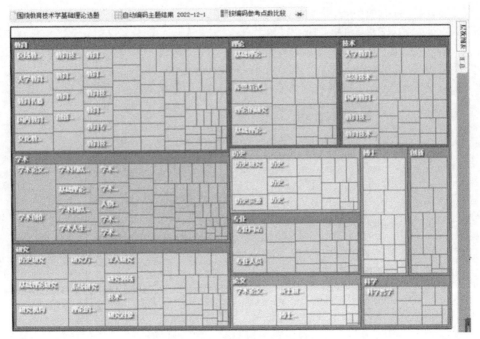

图 3-2-6　自动编码结果界面

代码	编码参考点数	合计编码参考点数	编码项数	合计编码项数
节点\\围绕教育技术学基础理	1	1	1	1
节点\\围绕教育技术学基础理	5	5	1	1
节点\\围绕教育技术学基础理	9	9	1	1
节点\\围绕教育技术学基础理	7	7	1	1
节点\\围绕教育技术学基础理	5	5	1	1
节点\\围绕教育技术学基础理	2	2	1	1
节点\\围绕教育技术学基础理	6	6	1	1
节点\\围绕教育技术学基础理	10	10	1	1
节点\\围绕教育技术学基础理	3	3	1	1
节点\\围绕教育技术学基础理	9	9	1	1
节点\\围绕教育技术学基础理	3	3	1	1
节点\\围绕教育技术学基础理	9	9	1	1
节点\\围绕教育技术学基础理	14	14	1	1
节点\\围绕教育技术学基础理	1	1	1	1
节点\\围绕教育技术学基础理	1	1	1	1

点击汇总，可以看到所有的编码数

图 3-2-7　汇总结果界面

（2）创建思维导图

首先点击菜单栏"探索"，点击"思维图"，弹出一个对话框，输入名称后点击"确定"（图 3-2-8）。

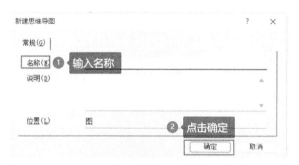

图 3-2-8　输入名称界面

出现空白页面，可以填写中心内容，编辑同级或次级想法（图 3-2-9），在上方快捷方式栏中选择"思维图"，可以调整思维图的布局、颜色、字体等。

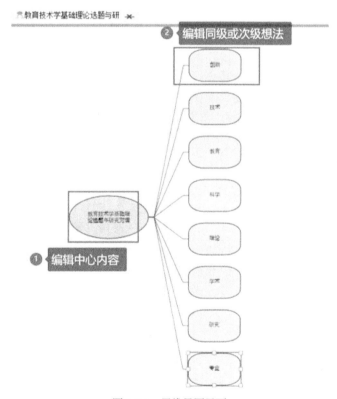

图 3-2-9　思维导图界面

选择"节点"，点击"确定"，然后点击左侧"代码"中的"节点"，在右侧可以展开与思维导图相对应的节点内容（图 3-2-10）。

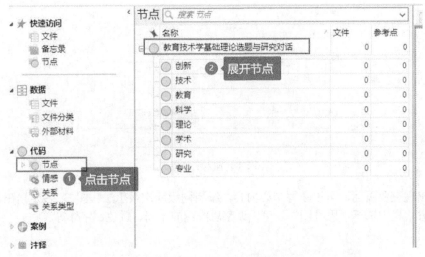

图 3-2-10　展开节点界面

（3）手动编码

手动编码有两种方式：一是先建节点，阅读材料和补充内容同时进行；二是边读边编码最后汇总。这里选第一种。创建完思维导图与节点后，从文章中找相关词句放入节点进行手动编码。若遇到不属于现节点的内容，可点击右键选择"新建节点"或建立原有节点的子节点（图 3-2-11）。子节点间也可通过拖拽调整从属关系。

图 3-2-11　新建节点界面

在文档里选择合适的内容，单击右键，选择"编码"，弹出选择编码项，选择合适的节点；也可以新建节点之后，再加入节点内，点击"确定"（图 3-2-12）。这样就可以把文本内容添加至合适的节点内。确定节点后，左侧相对应的节点里会增加信息，双击"节点"，在右侧会展示文档对应内容。

图 3-2-12 选择节点界面

采用上述方式，一边阅读材料，一边进行补充，直至文档阅读完，手动编码结束。编码后可生成"编码带"，便于快速浏览关键信息。在"文档"中点击"编码带"，选择"所有编码"，右侧即展示编码带（图 3-2-13）。关注编码丰富度及密度，可把握文档重点。点击编码带节点，可快速定位文本内容；右键单击节点，则可快速取消编码。

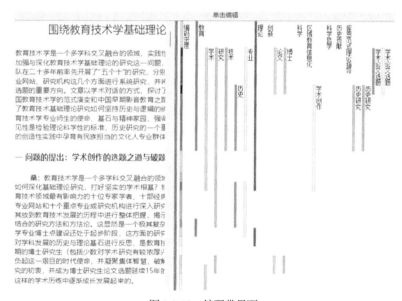

图 3-2-13 编码带界面

4. 矩阵编码

（1）建立案例节点

点击"案例"按钮，选择"案例节点分类"，点击右键，选择"新建分类"。输入名称，点击"确定"（图 3-2-14）。

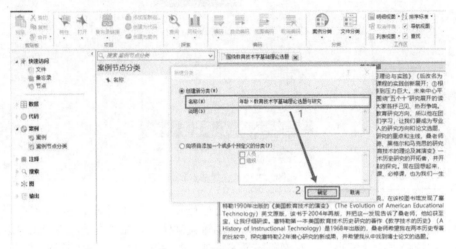

图 3-2-14　案例节点命名界面

选择新建的案例，点击右键，选择"新建属性"。输入名称（图 3-2-15），然后点击"确定"。在新建属性界面点击"值"，点击"添加"，输入"30—40"；继续点击"添加"，输入"40—50"；再点击"添加"，输入"50—60"，最后点击"确定"（图 3-2-16）。

图 3-2-15　属性命名界面

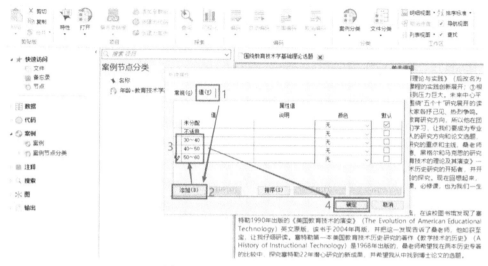

图 3-2-16 添加属性"值"界面
注：截图中的年龄范围用的波浪线，未予修改

选择"数据"中的"文件"，右键点击"围绕教育技术学基础理论选题与研究的对话"，选择"创建为"，点击"创建为案例"（图 3-2-17）。在"分配给分类"中选择"年龄×教育技术学基础理论选题与研究"，最后点击"确定"（图 3-2-18）。将另外两个文件以同样的方法创建为案例。

图 3-2-17 将导入文件创建为案例界面

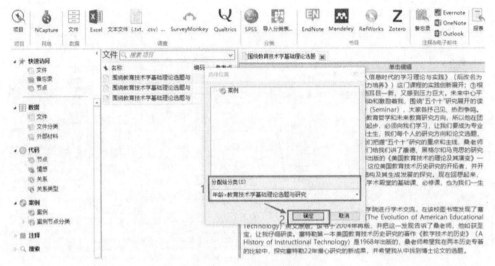

图 3-2-18　分配给分类界面

　　选择"案例"，右键点击"围绕教育技术学基础理论选题与研究的对话"，选择"案例节点特性"（图 3-2-19）。在"案例特性"中选择"属性值"，在"值"一栏中选择"30—40"，点击"确定"（图 3-2-20）。以同样的方法将"40—50"和"50—60"赋给另外的两个案例。

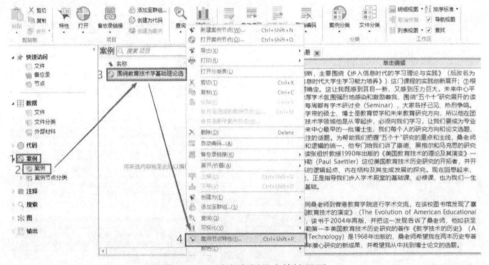

图 3-2-19　建立案例节点特性界面

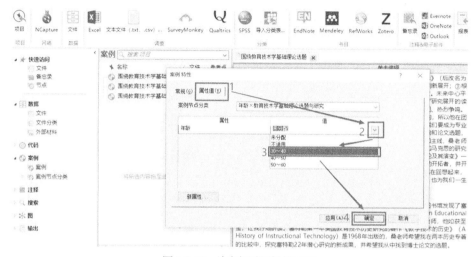

图 3-2-20　给案例赋属性值界面

（2）查询矩阵编码

选择"搜索"中的"查询"，点击右键，选择"新建查询"，点击"矩阵编码"（图 3-2-21）。

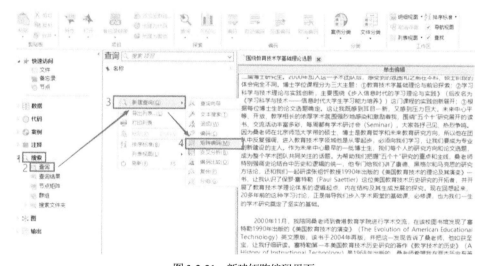

图 3-2-21　新建矩阵编码界面

在"矩阵编码"→"结果预览"界面中，在"行"一栏中点击"+"，选择"选择项"（图 3-2-22）。在弹出的"选择项目项"界面中，点击"节点"，然后选中四个节点，点击"确定"，这样就将四个节点添加至"行"一栏中（图 3-2-23）。

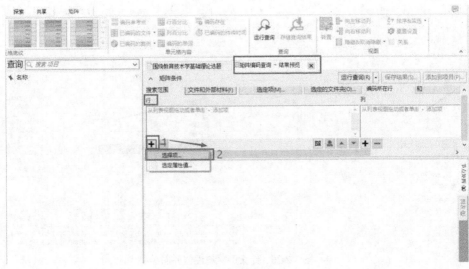

图 3-2-22　选择项界面

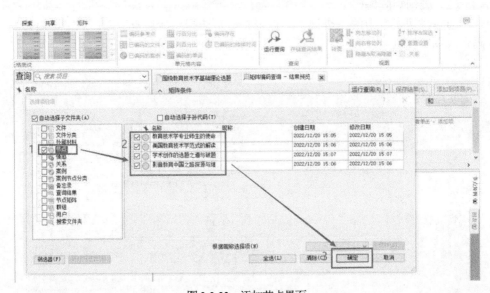

图 3-2-23　添加节点界面

在"列"一栏中点击"+"，选择"选定属性值"。在弹出的"编码搜索项"界面，点击"选择"。在弹出的"选择项目项"界面中，点击"案例节点分类"。点击"+"，选择"年龄"，点击"确定"（图 3-2-24），然后在"编码搜索项"界面将"等于值"选为"30—40"，点击"确定"（图 3-2-25）。之后以同样的方法将"40—50"和"50—60"选进"列"一栏中。

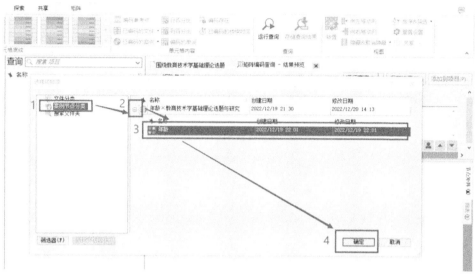

图 3-2-24　添加案例界面

图 3-2-25　赋值界面

　　选择"添加到项目"，在弹出的"矩阵编码查询"界面输入名称"矩阵编码结果"，点击"确定"，然后点击"运行查询"，即可查看矩阵编码的结果（图3-2-26）。

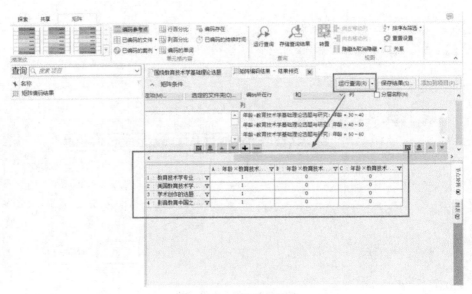

图 3-2-26　运行结果界面

（3）建立项目图

选择"图"，在"列表视图"区域点击右键，选择"新建项目图"。弹出"新建项目模型"界面，输入名称，点击"确定"（图 3-2-27）。

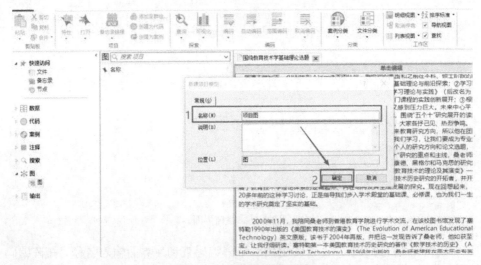

图 3-2-27　项目图命名界面

选择"代码"中的"节点"，分别将四个节点拖拽入右侧的项目图中（图 3-2-28）。

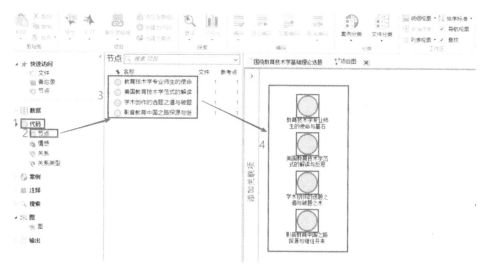

图 3-2-28　将"节点"拖拽入项目图界面

选择"案例"，将案例拖拽入右侧的项目图中（图 3-2-29）。

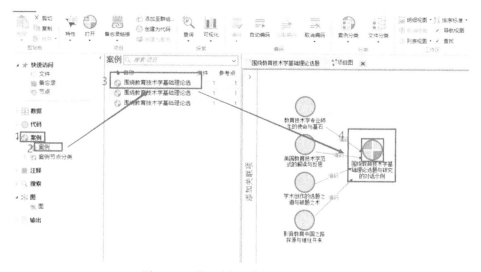

图 3-2-29　将"案例"拖拽入项目图界面

选择"案例节点分类"，点击"+"，将"年龄"拖拽入右侧的项目图中（图 3-2-30）。右键点击项目图中的"年龄"，选择"显示关联项"（图 3-2-31），将"添加关联项"中的"年龄"拖拽入右侧的项目图中（图 3-2-32）。最后，选择"图"，右键点击"项目图"，选择"导出"，可任意选择一种方式导出该项目图。

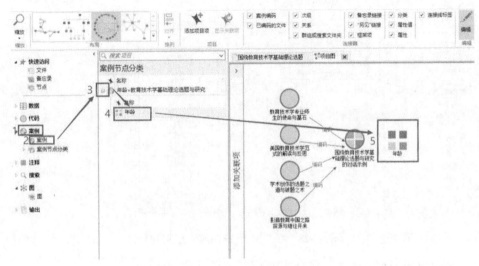

图 3-2-30　将"年龄"拖拽入项目图界面

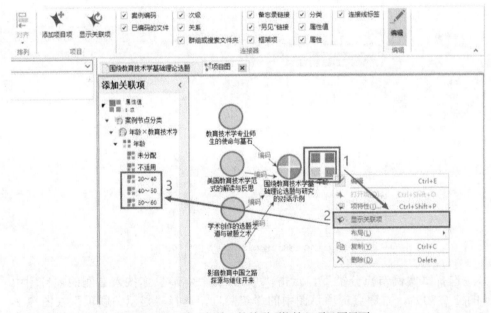

图 3-2-31　将"年龄"的关联项拖拽入项目图界面

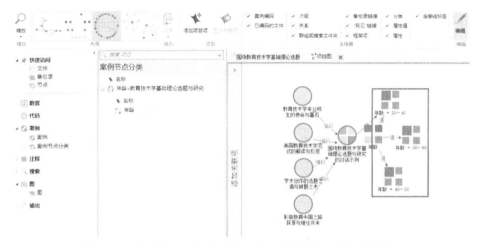

图 3-2-32　将"添加关联项"中的"年龄"拖拽入右侧的项目图中

5. 比较结果

通过比较两个用户所做的编码，来衡量"评分者间的可靠性"或用户之间编码的一致性，使用一致性百分比和 κ 系数来衡量。NVivo 的编码比较查询功能允许用户比较由两个用户或两组用户所执行的编码。Percentage agreement 是协议单位数除以数据项中的总度量单位，显示为百分比；κ 系数是一种统计测量方法，考虑了通过偶然性可能发生的一致性[①]。

例如，以论文《围绕教育技术学基础理论选题与研究的对话》[②]为例进行操作。在"探索"选项卡上，单击"编码比较"。在弹出的"编码比较查询"对话框中选择包含在"用户组 A"和"用户组 B"中的用户。分别单击"用户组 A"和"用户组 B"右侧的"选择"按钮（图 3-2-33）。

在"位置"下拉列表中选择一项确定特定节点（图 3-2-34），在"作用域"下拉列表中选择一项确定特定范围，之后点击"运行"。

得到编码比较查询结果界面（图 3-2-35）和编码比较结果界面（图 3-2-36）。以下是关于图 3-2-36 各部分的介绍：①该列代表包含正在比较的编码的节点。②该列代表文件名和文件夹位置。③该列代表文件大小。④该列代表 κ 系数；κ 值为 -1—1，小于 0.4 表示一致性不佳，0.4—0.75 表示一致性良好，大于 0.75 表示有很好的一致性，小于或等于 0 表示没有一致性。由图 3-2-35 可以看出，两个用户在节点"影音教育"上的一致性不佳，在节点"美国教育技术学范式解读和反思""选题""专业使命"上有大致良好的一致性。⑤这三列显示一致性百分比。"一致（%）"列等

① 冯狄. 质性研究数据分析工具 NVivo12 实用教程[M]. 北京：人民邮电出版社，2020：68.

② 宫淑红，梁林梅，徐晓雄，等. 围绕教育技术学基础理论选题与研究的对话[J]. 现代教育技术，2022，32（10）：2-16.

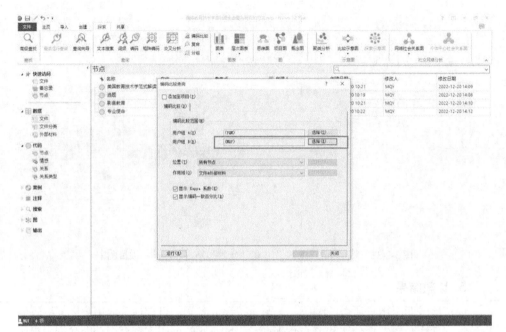

图 3-2-33　点击"选择"按钮

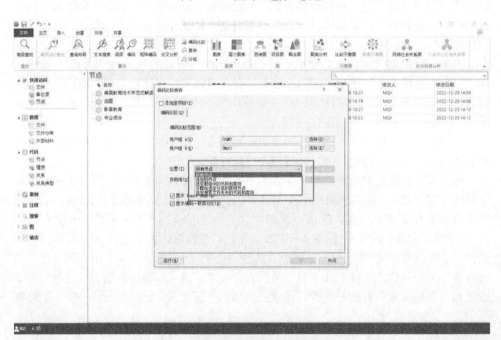

图 3-2-34　选择节点界面

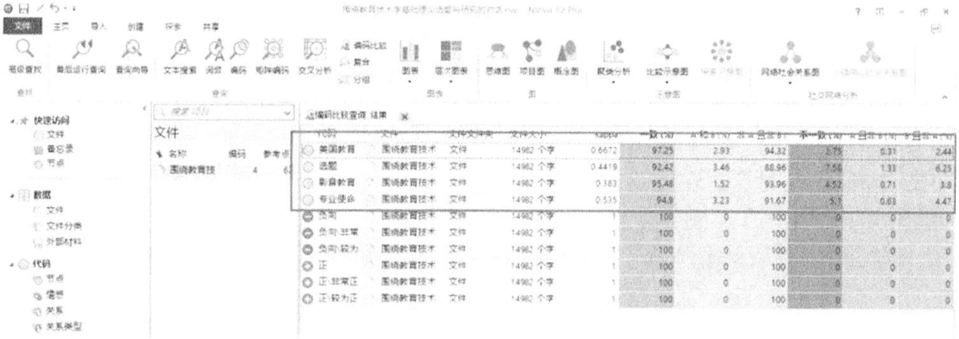

图 3-2-35　编码比较查询结果界面

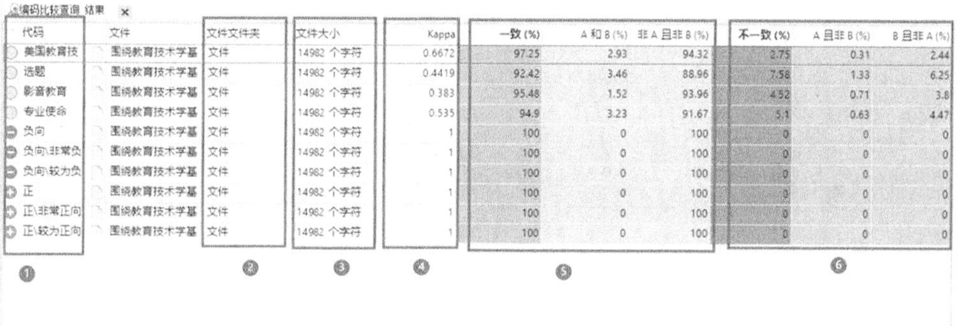

代码	文件	文件文件夹	文件大小	Kappa	一致 (%)	A 和 B (%)	非 A 且非 B (%)	不一致 (%)	A 且非 B (%)	B 且非 A (%)
美国教育技	围绕教育技术学基	文件	14982 个字符	0.6672	97.25	2.93	94.32	2.75	0.31	2.44
选题	围绕教育技术学基	文件	14982 个字符	0.4419	92.42	3.46	88.96	7.58	1.33	6.25
影音教育	围绕教育技术学基	文件	14982 个字符	0.383	95.48	1.52	93.96	4.52	0.71	3.8
专业使命	围绕教育技术学基	文件	14982 个字符	0.535	94.9	3.23	91.67	5.1	0.63	4.47
负向	围绕教育技术学基	文件	14982 个字符	1	100	0	100	0	0	0
负向\非常负	围绕教育技术学基	文件	14982 个字符	1	100	0	100	0	0	0
负向\较为负	围绕教育技术学基	文件	14982 个字符	1	100	0	100	0	0	0
正	围绕教育技术学基	文件	14982 个字符	1	100	0	100	0	0	0
正\非常正向	围绕教育技术学基	文件	14982 个字符	1	100	0	100	0	0	0
正\较为正向	围绕教育技术学基	文件	14982 个字符	1	100	0	100	0	0	0

图 3-2-36　编码比较结果界面

于“A 和 B（%）”列与“非 A 且非 B（%）”列的和。其中“A 和 B（%）”列等于项目用户组 A 和项目用户组 B 对选定节点编码的数据项内容的百分比；“非 A 且非 B（%）”列等于项目用户组 A 和项目用户组 B 对都不编码的数据项内容的百分比。⑥列显示不一致性百分比。“不一致（%）”列等于“A 且非 B（%）”列和“B 且非 A（%）”列的和。其中“A 且非 B（%）”列等于由项目用户组 A 编码且由非项目用户组 B 编码的数据项内容的百分比；“B 且非 A（%）”列等于由项目用户组 B 编码且由非项目用户组 A 编码的数据项内容的百分比。

6. 非文本编码

NVivo 可以分析图像、转录和编码音频与视频文件，集成对固定的开放式问卷答复分析，使用书目数据，导入和编码 Web 内容（包括来自社交媒体网站的元数据）。所有数据类型均可导入和编码，详细说明见“帮助”。各类数据的编码基本原理相同，无论是文本段落、图片区域还是视频片段，当用户打开节点时，都能从相同的表单中找到内容。①

① 冯狄. 质性研究数据分析工具 NVivo12 实用教程[M]. 北京：人民邮电出版社，2020：68.

（1）图片编码

1）把图片编码至案例

单击"导入"选项卡，单击"文件"选择要导入的文件，单击"打开"。在弹出的对话框中单击"导入"。弹出"图片特性"对话框，在"名称"输入框中输入图片的名称，单击"确定"（图 3-2-37），回到主界面即可看到导入的图片。右击图片名称，在弹出的菜单中单击"编码"（图 3-2-38），弹出"选择编码项"对话框，单击选择"案例"下的"教育学部"，然后单击"确定"（图 3-2-39）。再回到主界面，即可查看编码。

图 3-2-37　输入名称界面

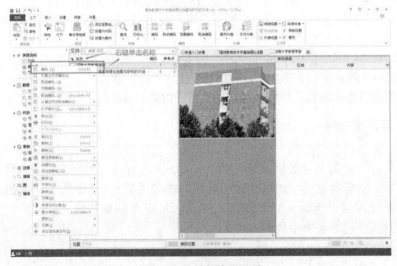

图 3-2-38　选择编码界面

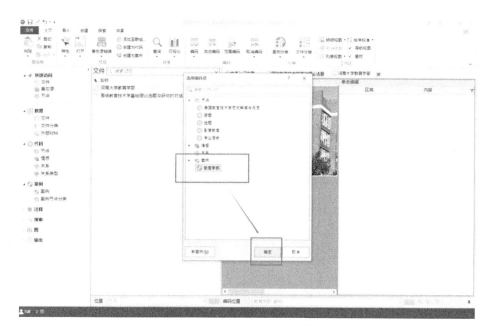

图 3-2-39　选择编码项界面

2）对图片的特定区域编码

在图片上选择特定区域，按住鼠标左键并拖拽，选择编码区域（图 3-2-40）。

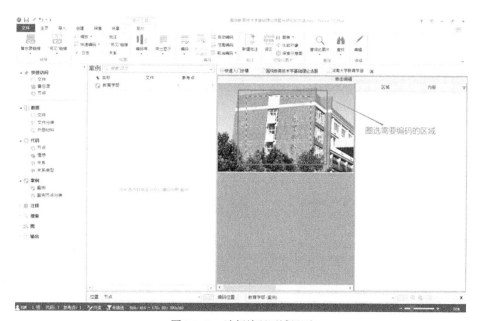

图 3-2-40　选择编码区域界面

右击编码区域，在弹出的菜单中单击"编码"（图 3-2-41），然后在弹出的"选择编码项"对话框中，选择编码的节点（图 3-2-42）。回到主界面，可查看图片的特定区域编码。

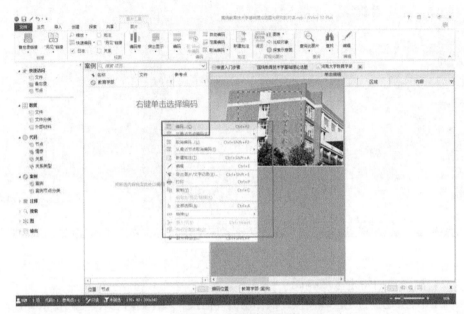

图 3-2-41　选择编码界面

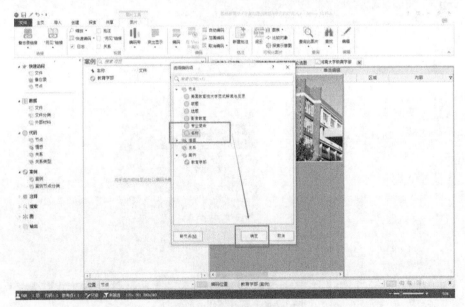

图 3-2-42　选择编码项界面

（2）音视频编码

用户可将音视频文件导入 NVivo，对时间范围或转录文本进行编码与注释。NVivo 支持导入机器识别或手动创建的转录文本。视频文件展示为音频时间线、视频画面与转录文本三部分。为确保媒体文件顺利编码，NVivo 需借助第三方编辑解码器软件，推荐选用 K-Llite Codec Pack Basic。

单击"导入"选项卡上的"文件"，浏览并选择要导入的文件。以下是关于打开的视频文件的三个部分（音频时间线、视频画面及转录文本）的介绍：①音频时间线。文件音频的时间线，在此处选择要编码或批注的时间范围。②视频画面。仅作用于视频文件，显示与上述音频时间线同步的视频。③转录文本。与媒体文件关联的转录文本，以带时间戳的行显示。用户可以在这里编辑文本和编码，并对其进行注释。

NVivo 支持导入的音视频文件的格式如下：①音频：MPEG-1 Audio Layer 3 format(.mp3)；MPEG-4 audio format(.m4a)；Microsoft Windows Media formats (.wma，.wav)。②视频：MPEG formats (.mpg，.mpeg，.mpe，.mp4)；Windows Media formats (.avi，.wmv)；QuickTime formats (.mov，.qt)；3G Mobile Phone format (.3gp)；AVCHD High Definition Video formats (.mts，.m2ts)。

默认情况下视频编辑功能是被锁住的，需要在进度条上方单击"编辑"才能进行誊写，单击"播放"按钮，可以查看整个视频。如果要进行誊写，先单击"誊写"按钮，之后单击"播放"按钮，在想要停止的地方单击"停止"按钮，NVivo 可以自动生成刚刚播放视频的时间跨度，最后在内容栏里输入内容，即可完成音视频的编码（图 3-2-43）。

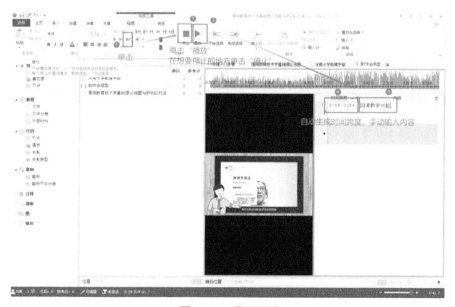

图 3-2-43　誊写界面

（3）处理外部材料

在 NVivo 这款质性数据分析软件中，外部材料是一种特殊的"材料来源"，它涵盖了那些由于格式、版权或其他限制而无法直接导入到软件中的材料。这些材料可能来源于各种渠道，比如网站内容、书籍章节、书面参考资料，甚至是某些特定格式的电子文档。尽管这些材料无法直接导入，但 NVivo 为用户提供了一个灵活的解决方案，即通过外部材料功能来间接引用和分析这些资源。

使用外部材料功能时，用户可以对外部材料进行总结和表述，例如，总结书中的章节或者描述电影中的场景，然后可以对该内容进行进一步的编码或添加批注，并将这些文件一起存储在某个特定位置。用户可以在应用程序选项中为外部材料文件设置默认位置。[①]

在"创建"选项卡中，单击"外部材料"。打开"新建外部材料"对话框，在"常规"选项卡的"名称"项目后输入外部材料的名称（图 3-2-44）。

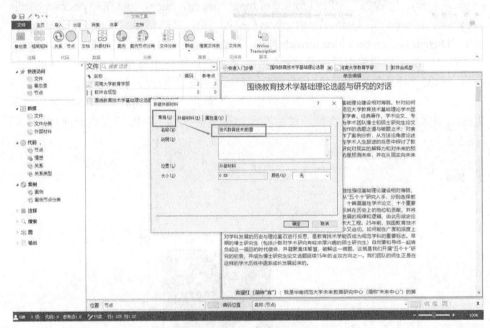

图 3-2-44　输入名称界面

单击"外部材料"选项卡，在"类型"下拉列表中选择"文件链接"，然后在"位置说明"栏中选择（图 3-2-45）。

单击"文件路径"右侧的"浏览"按钮，选择文件并单击"打开"按钮（图 3-2-46）。此处以《健康行为和健康教育》为例。

---

① 冯狄. 质性研究数据分析工具 NVivo12 实用教程[M]. 北京：人民邮电出版社，2020：68.

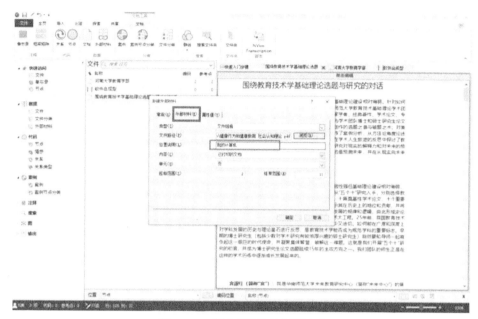

图 3-2-45　制定项目物理位置界面

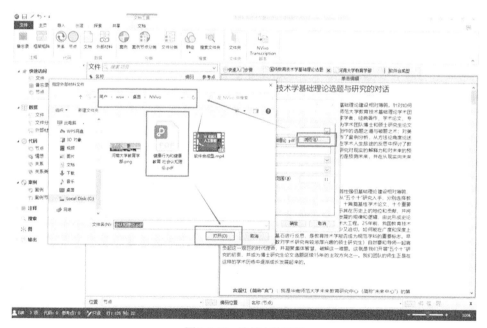

图 3-2-46　选择文件界面

在"内容"下拉菜单中选择材料类型，然后选择用于组织内容的"单元"为

"页",输入起始范围,最后单击"确定"按钮(图 3-2-47),这样就成功新建了外部材料(图3-2-48)。

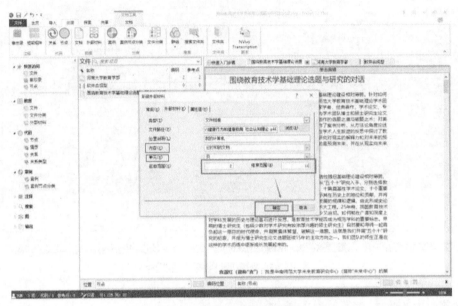

图 3-2-47　选择起始范围界面

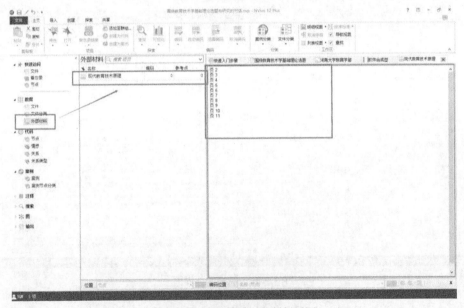

图 3-2-48　成功新建外部材料界面

外部材料关联后，打开外部文件进行总结或描述（图3-2-49、图3-2-50）。

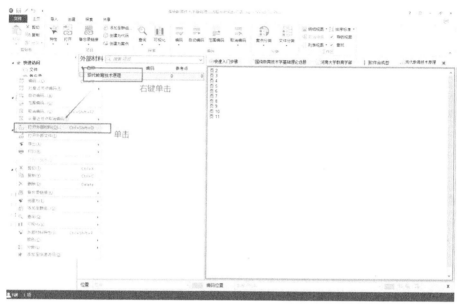

图 3-2-49　打开外部文件界面

图 3-2-50　进行总结或描述界面

二、ATLAS.ti 操作与学术论文示例

（一）软件简介

ATLAS.ti 是一款专业的质性数据分析工具软件，它支持对各种类型的质性数据进行管理和分析，包括文档、音频、视频、图片等。此外，ATLAS.ti 有很强的数据分析能力和美观的结果呈现功能，对提高定性研究的科学性和规范性有很大的帮助。[①]

（二）基本操作

接下来，就以《教育部 2011 年工作要点》为例，对这篇文档进行质性分析。操作步骤如下：

1. 导入文本

第一步，点击"新建项目"，输入项目名称，点击"创建"（图 3-2-51）。

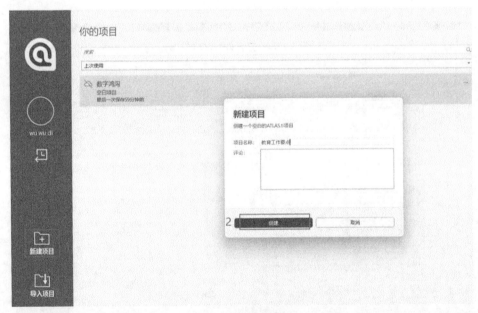

图 3-2-51　新建项目

第二步，在上方工具栏的"文档"中点击"添加文档"（图 3-2-52）。

---

① 吴世友. 如何运用 ATLAS.ti 分析定性数据和发掘研究主题[J]. 社会工作，2017（6）：23-40.

图 3-2-52　添加文档

2. 创建编码

一般有四种文本编码方式，分别是应用编码、快速编码、自由编码和 In Vivo 编码。研究者可以根据自身的具体情况选择不同的编码方式。四种编码的操作步骤分别如下。

（1）应用编码

第一步，在上方工具栏的"编码"中点击"新建编码"（图 3-2-53）。在"创建编码"界面中输入"党组织建设"，点击"添加"（图 3-2-54）。

图 3-2-53　新建编码

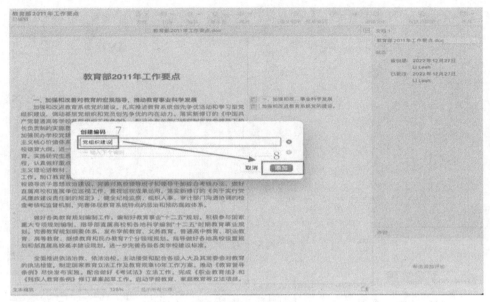

图 3-2-54　创建编码

第二步，选中"教育系统创先争优活动和学习型党组织建设"，单击右键或者在上方工具栏中点击"应用编码"，即编码成功（图 3-2-55），然后在弹出的编码框里选择"党组织建设"编码（图 3-2-56）。

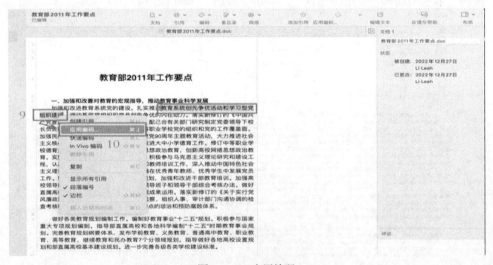

图 3-2-55　应用编码

图 3-2-56　选择"党组织建设"编码

（2）快速编码

选中"扩大中小学和中等职业学校党的组织和党的工作覆盖面，加强民办学校党建工作"字样。单击右键或者是在上方工具栏中点击"快速编码"，即可生成编码（图 3-2-57）。

图 3-2-57　快速编码

（3）自由编码

选中"一、加强和改善对教育的宏观指导，推动教育事业科学发展"字样。单击右键或者是在上方工具栏中点击"应用编码"（图 3-2-58），然后在框中输入新的编码名称，点击右侧的"+"号，即编码成功（图 3-2-59）。

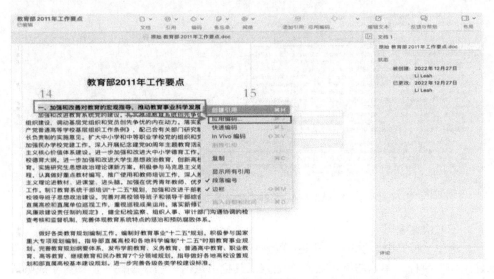

图 3-2-58　应用编码

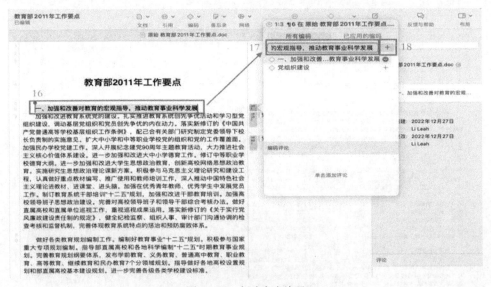

图 3-2-59　创建自由编码

（4）In Vivo 编码

选中"加强和改进教育系统党的建设"字样。单击右键或者是在上方工具栏中点击"In Vivo 编码"，这段文字就会被编码为和这段文字内容一样的编码（图3-2-60）。

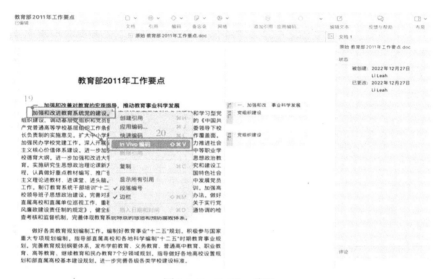

图 3-2-60　In Vivo 编码

3. 建立关系

选中"编码管理器"，在编码管理器中即可对编码之间建立关系（图 3-2-61）。

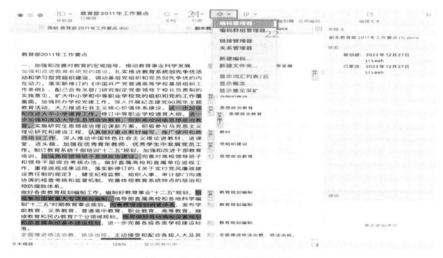

图 3-2-61　选中"编码管理器"

（1）建立部分关系

选中"加强和改进教育系统党的建设"，当移动鼠标指针停留在其他编码时，右侧会出现不同的关系。当鼠标停留在"加强和改善对教育的宏观指导，推动……"时点击右侧的选项中的"加强和改进教育系统党的建设 is a part of 加强和改善对教育的宏观指导，推动……"，即建立两者关系为部分关系（图3-2-62）。

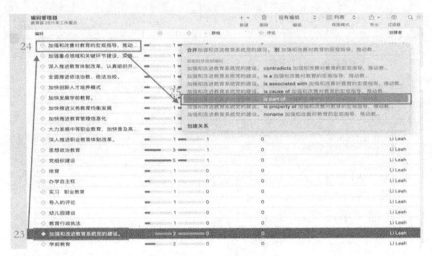

图 3-2-62　建立部分关系

（2）建立相关关系

选中"党组织建设"字样，当移动鼠标指针停留在其他编码时，右侧会出现不同的关系。在鼠标指针停留在"思想政治教育"时，点击右侧的选项中的"党组织建设 is associated with 思想政治教育"，即建立关系为相关或关联（图3-2-63）。

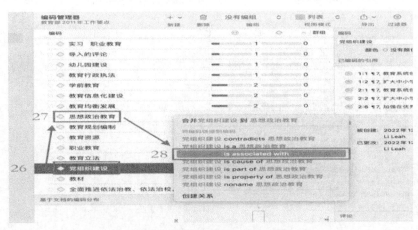

图 3-2-63　建立相关关系

（3）建立因果关系

选中"学前教育"字样，当移动鼠标指针停留在其他编码时，右侧会出现不同的关系备选。在鼠标停留在"教育均衡发展"时点击右侧的选项中的"学前教育 is cause of 教育均衡发展"，即建立关系为因果关系（图3-2-64）。

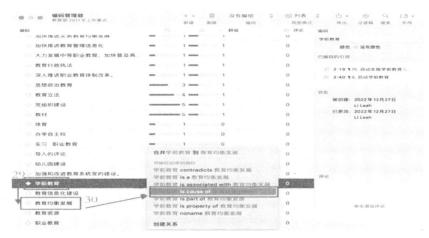

图 3-2-64　建立因果关系

（4）建立属性关系

选中"编码管理器"，选中"实习"字样，当移动鼠标指针停留在其他编码时，右侧会出现不同的关系备选。在鼠标停留在"教育均衡发展"时点击右侧的选项中的"实习 is property of 教育均衡发展"，即建立关系为前者是后者的属性（图3-2-65）。

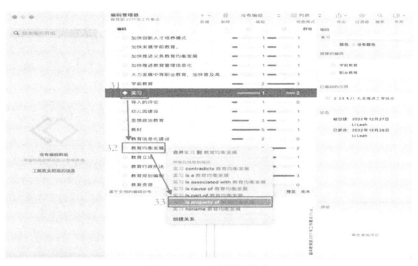

图 3-2-65　建立属性关系

4. 分析关系

在完成所有数据编码后，ATLAS.ti 会将所有的编码进行汇总和分析，帮助使用者进一步探讨编码之间的关系。

（1）可视化网络图

可视化网络图是利用编码关系图来呈现编码之间的关系。编码关系图可以表达某个编码群跟附属编码之间的关系，也可以表达不同编码群所附属的编码之间的关系。

下面介绍如何用 ATLAS.ti 来呈现编码关系图。具体步骤如下：第一步，在菜单栏中点击"新建网络"（图 3-2-66）。

图 3-2-66　新建网络

第二步，将想要分析的编码拖拽到弹出的新画布中（图 3-2-67）。

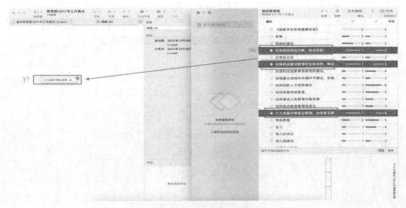

图 3-2-67　拖拽至画布

第三步，结果呈现为可视化的网络图（图 3-2-68）。可以根据自己的需要拖拉编码，对编码的视图排列进行自由调整。

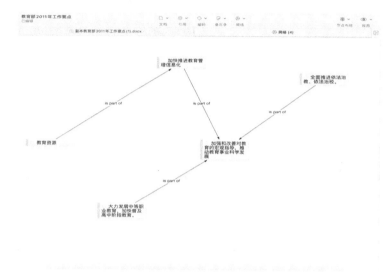

图 3-2-68　可视化网络图

（2）交叉浏览器

为更清晰地了解不同编码或编码群间的关系，需要用到 ATLAS.ti 中的交叉浏览器。具体步骤如下：在菜单栏中点击"分析"，选中"编码交叉浏览器"，此时就会打开一个新的窗口，呈现出所有编辑过的编码间的关系（图 3-2-69）。越多的箭头指向同一编码，表示该编码的内容在研究中越关键，占据研究的核心位置。

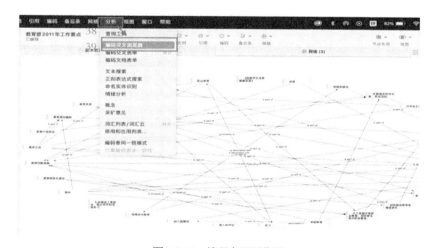

图 3-2-69　编码交叉浏览器

　　然后，以直观方式呈现编码频率及其关系中的出现频率（图 3-2-70）。左侧为编码频率，右侧为关系频率。数字大小反映了编码的重要性和相关性。

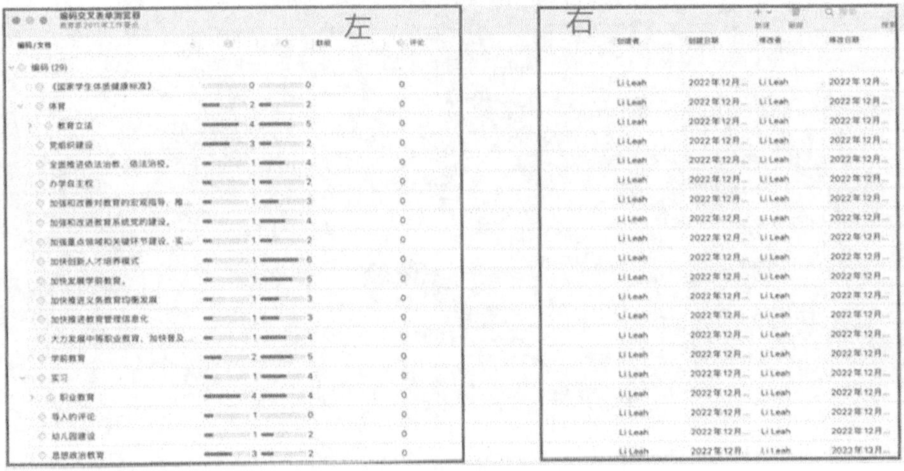

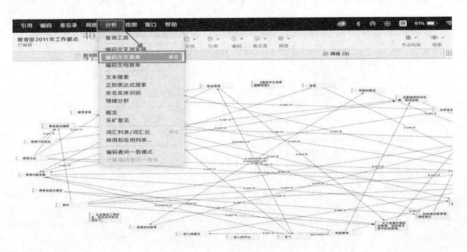

图 3-2-70　编码频率和关系频率

（3）编码交叉表单

　　编码交叉表单可以查询编码间重合率，揭示不同编码间的相关程度。操作如下：在上方工具栏选"分析"，点击"编码交叉表单"（图 3-2-71）。在新对话框"编码交叉表单"的左边，可以选取全部编码或部分编码，选取后的编码会自动导入到右边的显示框中。右侧工具栏可以切换编码，下方展现编码间的关系，对角线处为编码重叠程度（图 3-2-72）。

图 3-2-71　编码交叉表单

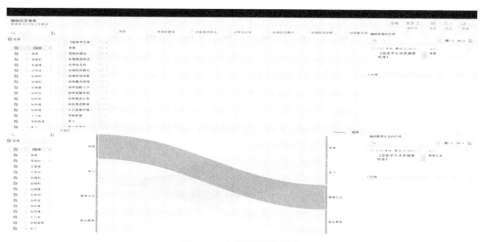

图 3-2-72　编码重叠程度

（4）编码文档表单

编码文档表单可展示编码的频数和次数，帮助理解文件重点。操作如下：选择上方工具栏的"分析"，点击"编码文档表单"，弹出"编码文档列表"对话框（图3-2-73）。在左侧选取所需编码，选中的编码会自动显示于右侧框中。表格中的数字代表频数，下方呈现相应图表（图3-2-74）。

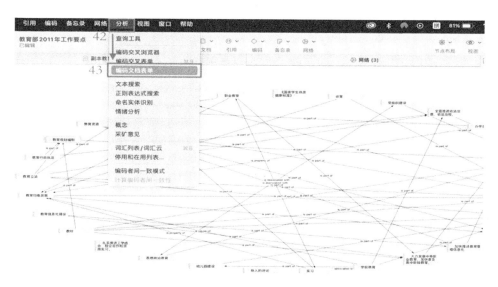

图 3-2-73　编码文档表单

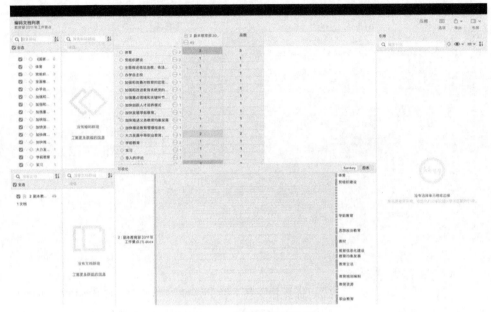

图 3-2-74　编码的频数和次数

5. 导出文本

点击"项目"选项，选择"打印"，在弹出的对话框中选择"存储为 PDF"。选择存储位置，点击"存储"即可（图 3-2-75）。

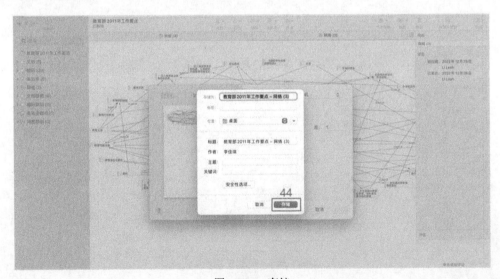

图 3-2-75　存储

　　总之，ATLAS.ti 只是定性研究中的一种辅助工具。要想进行高质量的定性研究，还需综合考虑众多其他要素，诸如精良的研究设计、充实的研究数据、研究者深厚的学术背景以及对研究主题的敏锐洞察力等。只有在这些坚实的基础上，结合 ATLAS.ti 对定性研究数据进行深入分析，才有可能进一步提升定性研究的水平，并增强定性分析能力。

第 四 章

怎样撰写混合研究类论文

混合研究结合了定量研究和定性研究的优点，能够更全面、深入地探讨研究问题。它不仅适用于跨学科研究，还能解决一些单用定量或定性方法难以解决的问题。这种方法在实际应用中表现出较强的适应性，能够有效地解决量化和质性结果之间的矛盾，并确保研究结果基于参与者的真实经验。

在撰写混合研究类论文时，学会合理运用混合研究工具至关重要。MAXQDA、NVivo 和 ATLAS.ti 是三个最常见的质性研究工具，NVivo 和 ATLAS.ti 前文已介绍过，这里不再赘述。

本章通过相关软件的介绍和文献示例的分析，帮助大家了解如何运用混合研究工具撰写混合研究类论文。

第一节　撰写混合研究类论文：学会混合研究工具

一、MAXQDA 软件基本操作

MAXQDA 软件是一款用于质性、量化和混合方法数据分析的专业软件，具体功能包括：支持处理多种类型的数据，编码和检索操作简洁高效，直接转录多媒体文件，轻松建立质性和量化之间的链接。MAXQDA 软件为研究者们提供强大、创新和便捷的数据分析功能，助力研究项目的顺利开展。

（一）软件简介

MAXQDA 可通过网站（https://www.MAXQDA.com/zh-cnMAXQDA）下载，下载时选择试用版选项。若在试用期内购买序列号，可随时解锁为正式版。MAXQDA 界面主要由项目栏、菜单栏、文件列表、代码列表、文件浏览器、已编码文本段列表组成（图 4-1-1），其中，工作界面共分为四个窗口：左上方为文件列表区，用来导入文件；左下方为代码列表区，用来管理代码和子代码；右上方为文件浏览区，用来观看和编码各种类型的文件；右下方为已编码文本段列表区，用来呈现编码结果。用户可以自由改变窗口的位置，如将左右两侧的窗口进行位置对换。

图 4-1-1　MAXQDA 主界面

（二）软件操作

1. 新建或导入项目

选择新建项目，在弹出窗口选择保存项目至文件夹，弹出 MAXQDA 新项目界面，在导入一栏可以选择导入调查数据（文本或其他数据类型）（图 4-1-2），这时文件浏览器窗口会被唤醒，文本资料准备完毕后就可以进行编码操作（后续操作讲解都用 MAXQDA 软件中已有的关于家庭教育的中文访谈文本资料进行示例操作）。

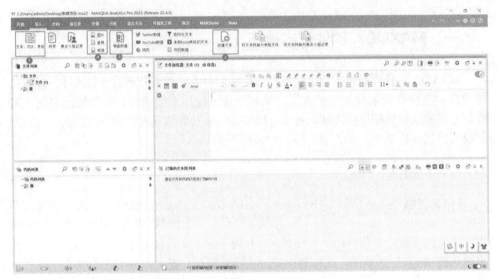

图 4-1-2　选择导入文件或创建文本

2. 数据编码与整理

在质性研究中，代码是用来命名文本或图片的标签。在 MAXQDA 中，代码可以是一个或者多个词语，也可以是字符串，如"A128"。在社会研究中，代码有很多不同的含义或功能，如事实代码、主题代码、理论代码等。然而，具体代码的含义及其在研究项目中的重要性还要从其上下文和结构中进行推断和理解。下文将对 MAXQDA 软件中的数据编码及整理操作进行简单的梳理与说明。

（1）创建与分配代码

1）直接创建新代码

单击代码列表窗口或每一层的"+"→定义新代码（图 4-1-3）。

2）为文件指定位置创建新代码

选中指定位置→单击"创建新代码"→在弹出窗口定义新代码（图 4-1-4）。

3）为文件指定位置分配旧代码

分配旧代码，指的是将提前创建或文件其他位置已使用过的代码分配到文件指定位置。在 MAXQDA 中，为文件指定位置分配旧代码有以下两种操作方法：第一，选中指定位置→长按鼠标左键将选定位置拉到左下代码处或者将代码拉动到选定位置→代码分配完成（图 4-1-5）。第二，在代码窗口激活一或多个代码→选中文件指定位置并单击鼠标右键→在弹出窗口中选择"使用已激活代码"→代码分配完成（图 4-1-6）。

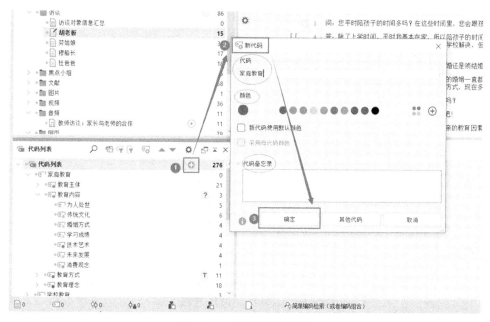

图 4-1-3　直接创建新代码

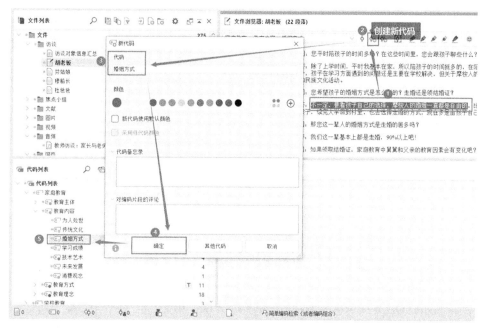

图 4-1-4　为文件指定位置创建新代码

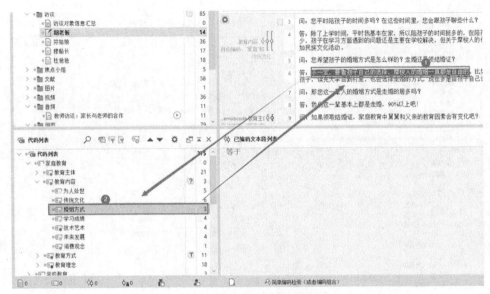

图 4-1-5　为文件指定位置分配旧代码 1

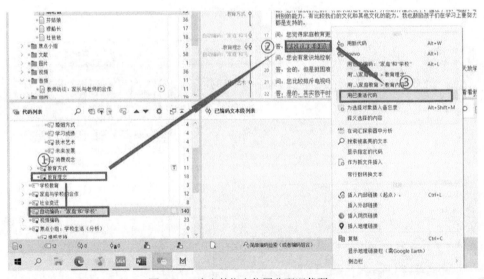

图 4-1-6　为文件指定位置分配旧代码 2

（2）学会删除代码

在 MAXQDA 中有两种删除代码的操作方法：第一，直接删除代码。在代码列表中选择代码→单击右边"×"号→在确认删除窗口选择"OK"（图 4-1-7）。

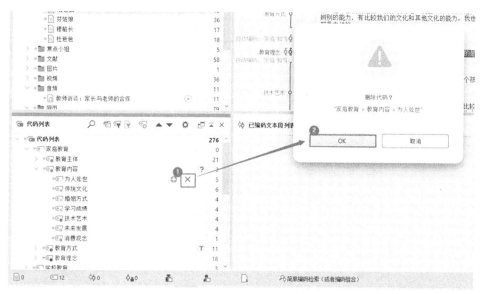

图 4-1-7　直接删除代码

第二，删除文件指定位置所分配的代码。在文件浏览器左侧选择想要删除的代码→单击右键→在弹出窗口选择"删除"（图 4-1-8）。

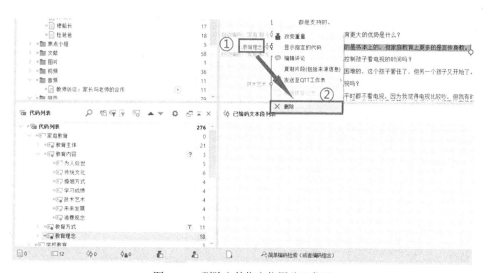

图 4-1-8　删除文件指定位置分配代码

（3）管理层级结构

对文本内容进行编码之后，会在左下角的代码列表区域内形成代码列表。为了能够更直观地表达各代码之间的关系，需要对代码的层级结构进行管理。

1）使用"创意编码"进行代码分级

第一，单击上方菜单栏中的"代码"→单击"创意编码"→弹出创意编码页面（图4-1-9）。

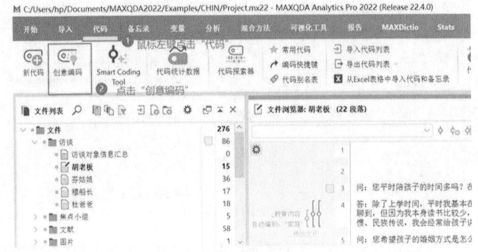

图4-1-9 进入"创意编码"

第二，单击代码列表中需要整理的代码→用鼠标选中移动到空白区域内→单击"开始整理代码"（图4-1-10）。

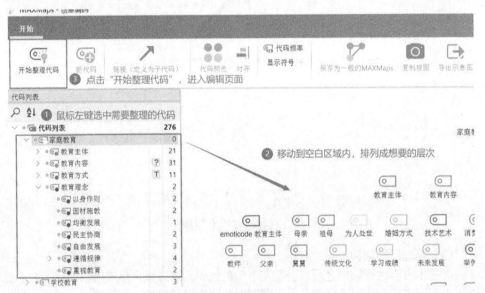

图4-1-10 整理代码（1）

第三，排列代码操作示意图单击"链接"→进行标识（图4-1-11）。

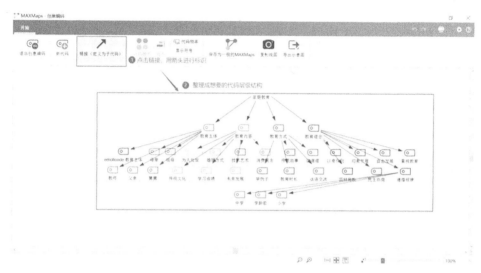

图4-1-11　整理代码（2）

第四，单击"退出创意编码"→单击"是"进行保存（图4-1-12）。

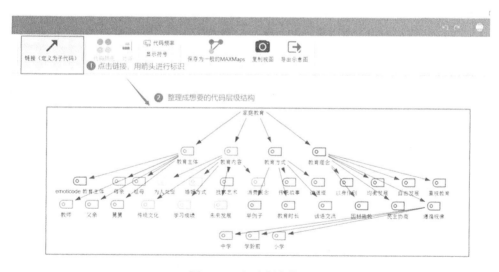

图4-1-12　退出创意编码

2）使用"代码列表"进行代码分级

在代码列表内选择代码→单击"+"→单独创建代码→进行归类分级（图 4-1-13）。

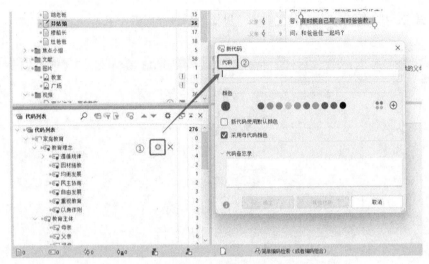

图 4-1-13　使用"代码列表"进行代码分级

（4）代码检索与分析

在 MAXQDA 中的编码搜索运行方式需要借助激活，使用者可以选择想要纳入编码搜索的所有文件以及感兴趣的代码进行激活，利用"已编码文本段列表"检查已分配的代码是否合适。

1）代码检索

在文件列表选择某文件→单击红色箭头激活→在代码列表选择某一层级进行激活→在已编码文本段列表单击对应代码→文件浏览器自动显示该代码的位置（图4-1-14）。

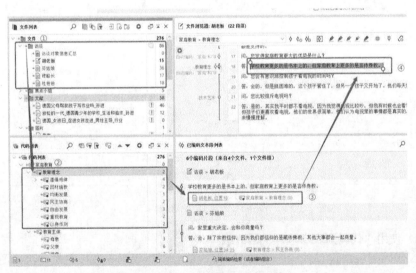

图 4-1-14　文件激活及代码检索

2）代码展示

在已编码文本段列表选择一览表图标→在弹出的表中选择打开方式→设置文件名→单击保存（图4-1-15）。

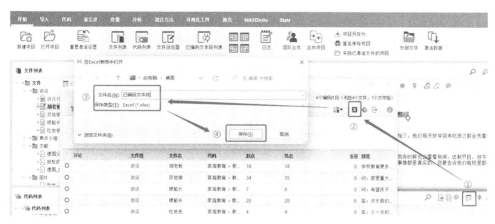

图4-1-15 代码展示

（5）导出和查看代码

1）导出代码结构

在菜单栏单击"代码"→单击"导出代码列表"→选择导出方式（图4-1-16）。

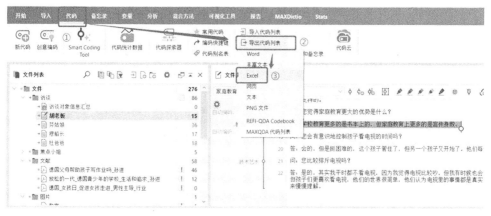

图4-1-16 导出代码结构

2）查看代码结构

选择导出方式后保存→打开文件查看代码结构（图4-1-17）。

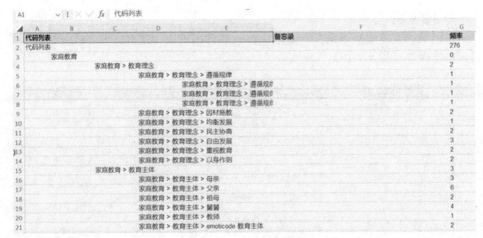

图 4-1-17 部分代码结构

3. 结果可视化分析

结果可视化是 MAXQDA 的最大的优势之一，它能够在与数据的持续"实时"连接中体现研究分析过程及其结果，创建令人印象深刻的图形或编码，以一种易于理解的方式展示数据中的关系。下面简要介绍 MAXMaps 等三种常用的可视化工具。

（1）MAXMaps 的应用

在菜单栏中，单击可视化工具→选择第一个 MAXMaps，单击之后出现编码图形→可以根据需要进行线条和底纹的修改和添加，完成之后单击导出，选择合适的导出格式（图 4-1-18）。

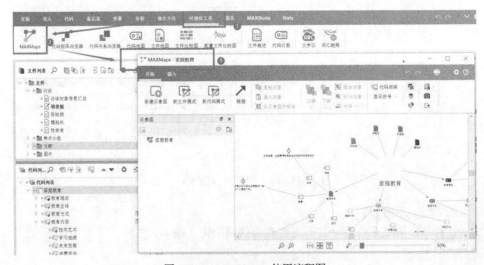

图 4-1-18 MAXMaps 使用流程图

（2）代码矩阵浏览器的应用

代码矩阵浏览器展示的内容主要是每个代码在被检索文件中出现的频数和总频数，还可以对数据进行各种角度的比较。选中文件列表的文件和代码列表并激活→选择"可视化工具"下属的"代码矩阵浏览器"，单击确定，发现不同的访谈对象与不同的代码叙述的频率关系，方块越大代表叙述越多（图 4-1-19）。还可改变展现模式，用不同的数字或模型进行展示（图4-1-20），然后导出结果。

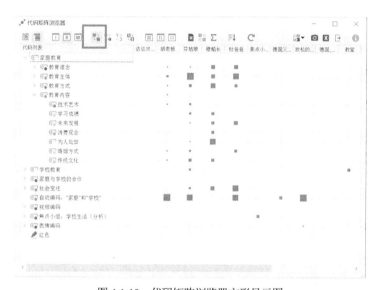

图 4-1-19　代码矩阵浏览器方形显示图

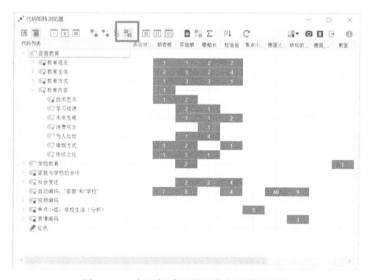

图 4-1-20　代码矩阵浏览器带有值的显示图

（3）文件概述的应用

文件概述是对单一文件代码分布方式的概述，可以清晰地观察出调查对象重点叙述部分，并能够将此作为研究的辅助工具。选中相应的文件→单击右键，选择文件概述（图 4-1-21），可以看出访谈对象对于不同代码叙述的频率分布情况，不同颜色代表不同的代码。

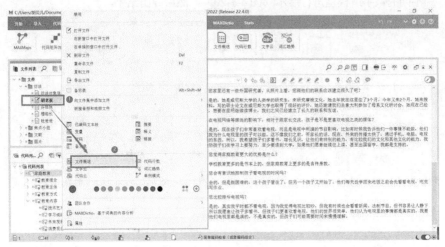

图 4-1-21　文件概述

也可以将此访谈对象与另一人的文件概述进行对比，可以看出不同对象对代码的叙述重点不同（图 4-1-22）。

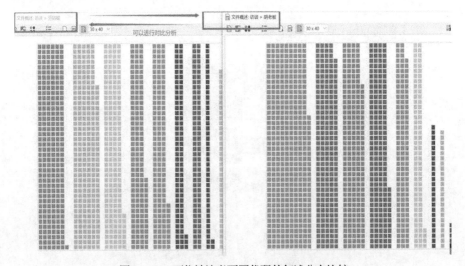

图 4-1-22　两位被访者不同代码的叙述分布比较

二、MAXQDA 软件操作示例

基于以上对 MAXQDA 软件的认识，下面将对《初中综合科学教师专业素养模型的构建研究——基于对 15 位资深教师的深度访谈》一文中 MAXQDA 软件的应用展开分析[①]。

（一）数据来源

该研究对象为 15 位资深教师，长期致力于初中综合科学教学一线工作（教龄 20 年以上），且均为省特级或正高级教师。

数据主要通过深度访谈获得，数据具有相对饱满与可信度高的优势。为了充分挖掘初中综合科学教师专业素养，该研究采用半结构式访谈。访谈围绕以下提纲进行：为了能够胜任初中综合科学课程教学，您认为科学教师需要具备哪些专业素养？最关键的素养是哪几个？为什么？

一方面，在获得允许的前提下利用录音笔进行录音；另一方面，迅速记录关键信息，访谈时间约 60 分钟。访谈结束后，将录音笔中的语音转化为文字并以 Word 形式保存，及时整理其他相关数据。

（二）数据分析

对资料进行编码是扎根理论研究中的核心环节。编码一般包括三级：第一级开放编码、第二级主轴编码、第三级核心编码。该研究借助 MAXQDA 对访谈内容进行初步处理，将每一位受访者的访谈记录文档导入 MAXQDA，组成文档集，以此作为划分各级信息数据片段的基础资料。

1. 开放编码

研究者利用 MAXQDA 对最近搜集的资料进行分解、检视、比较以及概念化，并进行三遍编码处理，最终形成 49 个一级编码。表 4-1-1 为开放编码示例。

2. 主轴编码

主轴编码的主要任务是发现和建立概念类属之间的各种联系，以呈现资料中各个部分之间的有机关联。例如，访谈者在阐述科学教师的专业素养时，提到教师应具有的相应能力，如"教学设计能力""激发学习兴趣能力""组织引导能力""科学概念的落实能力""探知学情能力"等，这些都是教师的常规教学能力，照此思路，该研究形成了 14 个二级代码（表 4-1-2 为主轴编码示例）。

---

① 蒋永贵，郭颖旦，赵博，等. 初中综合科学教师专业素养模型的构建研究——基于对 15 位资深教师的深度访谈[J]. 教师教育研究，2022，34（2）：69-74.

表 4-1-1　开放编码示例

原始数据	开放性编码	来源
最关键的就是对科学的喜爱。我觉得喜爱非常重要，因为老师的喜爱会感染学生，然后你的课堂也会比较生动和精彩	热爱科学	教师 C
他本身就爱科学，他本身也有探究精神、有好奇心，如果连好奇心都没有了，那么当科学老师是有点可怕的	热爱科学	教师 B
我见到很多科学老师，他自己的板书都是乱七八糟的。所以，他的学生在书写解答题时也一塌糊涂的。而有的老师，他自己的板书是很严谨、规范的，他的学生在解答问题时也能较好地呈现	书写技能	教师 C
除这些外，与其他学科相似，科学老师需要具有深厚的教育教学方面的涵养，如需要具有教育学原理、心理学、统计学、测量学等素养	教学理论	教师 N
学科知识背景是必须掌握的	自然学科知识	教师 A

表 4-1-2　主轴编码示例

概念类属	关联范畴
教学设计能力、激发学习兴趣能力、组织引导能力、探知学情能力	常规教学能力
科普能力、科学思维联通能力、主题式整合能力、项目开发能力	科学课程整合能力

3. 核心编码

核心编码是将归纳出的核心范畴和其他范畴系统地进行联系，验证它们之间的关系，并把尚未发展完备的概念范畴补充完整的过程。按照这一思路，该研究在二级编码基础上提炼出 4 个三级编码，表 4-1-3 为核心类属与关联范畴的展示。

表 4-1-3　核心类属与关联范畴的展示

概念类属	关联范畴	核心类属
热爱、敬畏、有目标、积极上进、危机感、精益求精	自我发展情怀	
努力、坚持、责任心、敢于挑战	自我发展毅力	情意（62）
关键性事件	自我发展愉悦	
自然科学知识、人文社科知识、跨学科知识	科学学科本体知识	
科学的产生、科学的发展、科学的规律	科学史知识	知识（46）
科学思维方法、行动性研究法	科学方法论知识	
课程理论、教学理论、学习理论、教育研究	科学学科教学知识	
合科的知识体系、对学生的能力要求、知识的落实程度	科学课程观	
知识体系、生存方式、解决问题的方法、社会建制	科学本质观	观念（28）
科学教学教的内容、科学教学教的过程	科学教学观	

续表

概念类属	关联范畴	核心类属
教学设计能力、概念领悟能力、激发学习兴趣的能力、组织引导能力、探知学情能力	常规教学能力	
科普能力、科学思维联通能力、主题式整合能力、项目开发能力	科学课程整合能力	能力（82）
科学实验能力、科学探究能力、工程设计能力、模型制作能力	科学探究教学能力	
反思能力、阅读与书写能力、信息能力、人际交流能力	自主发展能力	

4. 研究结论

该研究基于访谈数据和 MAXQDA 的分析结果建构的初中综合科学教师专业素养模型（图4-1-23），是一个四维联动、丰富饱满的体系。

初中综合科学教师专业素养模型体现了初中综合科学教师专业发展的内生性、整合性、探究性、实践性和全面性，对当前初中科学教师培养培训具有重要的指导意义。

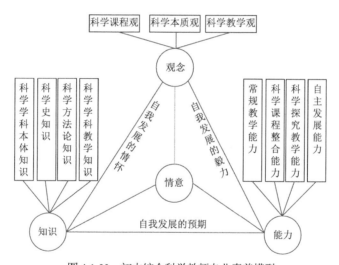

图 4-1-23　初中综合科学教师专业素养模型

通过上述示例可知，熟练运用 MAXQDA 等混合研究工具，研究者能够更高效地管理和分析庞大的数据集，将定量研究的精确性与定性研究的深度和丰富性结合起来。这种结合不仅使研究结果更加全面，也能够揭示数据之间的复杂关联，为研究假设提供更多的支持证据。掌握混合研究工具，研究者可以灵活地处理各种数据类型，包括文本、图像、音频和视频资料，以及大量的数值数据。

综上所述，MAXQDA 等混合研究工具是现代研究者的重要助手，它们不仅提升了研究者的技术水平，也扩展了研究的边界和深度，为应对全球性的复杂挑战提供了强有力的支持。

第二节　撰写混合研究类论文：赏析优秀论文范例

本节列出六篇使用不同研究工具的混合研究类论文优秀范例，从文章使用该研究工具的原因、文章对该研究工具的运用、结果讨论与结论分析三个方面展开剖析，以供读者参考。

一、赏析基于 MAXQDA 的混合论文范例

基于 MAXQDA 的混合论文优秀范例及分析，参见表 4-2-1。

表 4-2-1　基于 MAXQDA 的混合论文优秀范例及分析

优秀范例	MAXQDA 的使用原因	MAXQDA 的实践应用	结果讨论和研究结论
《课程与教学创新的学校组织氛围研究——以一所项目式学习特色校为个案》[①]	使用 MAXQDA 软件对学校中的项目式学习进行研究，以探究影响项目式学习的因素和呼吁更好地营造学校组织氛围	首先，对论文的研究问题进行界定；接下来对收集到的资料进行分析，使用 MAXQDA 进行编码，然后编制调查问卷	在定性研究中，作者从三方面进行分析，并结合访谈资料论述分析结果；在定量研究中，作者对问卷数据进行了相关分析，并采用 Bootstrap 的检验方法，检验在管理规则和项目式学习中，教师认同在关系网络中对项目式学习教师效能影响上的链式中介作用。最后，讨论教师开展项目式学习需要营造的学校组织氛围
《项目化学习中的教师素养：基于混合调查的框架构建》[②]	使用 MAXQDA 基于混合研究的框架对项目化学习中教师素养进行调查和分析	首先提出项目式学习出现的两个问题；接着进行文献综述，分析项目化学习的现状；然后邀请了六位有项目化学习经历的教师作为访谈对象，收集这些教师在开展项目化学习时的一些文字以及图片资料，借助 MAXQDA 对访谈资料进行编码。最后介绍了问卷设计情况、问卷回收情况，以及问卷的信度和效度的情况	研究结果部分分为项目化学习理念、项目化学习的设计、项目化学习的实施和项目化学习的评价四个部分。作者从项目化学习的理念、设计、实施与评价四个层面构建了项目化学习中教师的素养框架，包括学习素养、设计素养、协作问题解决素养、评价反馈素养。最后，作者在未来的教师教育中针对项目化学习中的教师素养培育提出建议：第一，通过项目式教师教育，深化教师自身的项目化学习体验；第二，通过循证式教师教育，提升教师的项目化学习设计、评价与研究能力；第三，通过混合式教师教育，提升教师的技术使用与学科整合能力

①　叶碧欣，桑国元，黄嘉莉. 课程与教学创新的学校组织氛围研究——以一所项目式学习特色校为个案[J]. 全球教育展望，2022，51（9）：66-77.

②　叶碧欣，桑国元，王新宇. 项目化学习中的教师素养：基于混合调查的框架构建[J]. 上海教育科研，2021（10）：23-29.

二、赏析基于 NVivo 的混合论文优秀范例

基于 NVivo 的混合论文优秀范例及分析，参见表 4-2-2。

表 4-2-2　基于 NVivo 的混合论文优秀范例及分析

优秀范例	NVivo 的使用原因	NVivo 的实践应用	结果讨论和研究结论
《中国终身教育政策的价值构成——基于 NVivo 的文本分析》[①]	研究以改革开放以来中央和地方政府颁布的 11 部重要终身教育政策为研究对象，运用 NVivo 质性分析软件作为研究工具，对政策文本中有关政策价值的评价性话语进行了编码与分析	第一步，编码与主题挖掘，形成一级编码、二级编码和三级编码。第二步，理论建构。借助相关理论，对我国终身教育政策中价值构成要素及变化进行解释。我国终身教育政策的价值构成要素以 20 世纪 90 代末期为分界点，四个方面的具体内容均发生了变迁	首先，终身教育政策中价值背后的逻辑经历了从工具理性到工具理性与价值理性统一的变迁。其次，我国政府、市场与教育关系的变革：一方面，政府服务职能日益凸显；另一方面，学习者需求多样化。最后，世界范围内终身教育理念的复归。终身教育概念蕴含了教育平等、教育民主、教育自由、全面发展等价值理念
《21 世纪以来我国职业教育政策研究——基于 NVivo 的政策文本分析》[②]	使用 NVivo 软件，采用内容分析法，对职业教育的政策颁布主体、政策工具和职业教育发展要素三个维度进行分析	首先采用 NVivo12 进行编码处理，把政策文本导入 NVivo12 软件中。其次，在树节点下，根据相应的内容依次建立子节点。最后，对文件逐行进行手动编码，完成研究编码工作，共形成 1768 条编码。该文章将 166 份政策文本导入 NVivo12 中进行词频分析，再结合对政策文本的分析，提炼出职业教育发展要素包括基础能力建设、师资建设、人才培养、学生资助、招生与就业五大方面	研究结果表明：政府非常重视职业教育的发展，且偏向于以政治权威的方式实现政策目标。激励工具在人才培养和招生与就业方面使用占比较低，因此有必要适当强化激励工具在人才培养和招生与就业方面的应用。依据问题提出措施：加强政策颁布主体间的协作性；优化协调政策工具使用结构；重视学生资助和基础能力建设，促进职业教育发展要素协调发展；注重政策工具与职业教育发展要素的契合性

三、赏析基于 ATLAS.ti 的混合论文范例

基于 ATLAS.ti 的混合论文优秀范例及分析，参见表 4-2-3。

---

① 王海平，郑霁鹏，马明. 中国终身教育政策的价值构成——基于 NVivo 的文本分析[J]. 成人教育，2019，39（9）：1-6.

② 谯欣怡，张玲玲. 21 世纪以来我国职业教育政策研究——基于 NVivo 的政策文本分析[J]. 职业教育研究，2021（2）：11-16.

表 4-2-3　基于 ATLAS.ti 的混合论文优秀范例及分析

优秀范例	ATLAS.ti 的使用原因	ATLAS.ti 的实践应用	结果讨论和研究结论
《新时代中国学生跨文化科研学习困境与超越——基于荷兰博士导师视角的质性研究》[①]	基于与 16 位荷兰研究型大学博士导师的访谈，以荷兰导师的视角进行审视分析：隐藏于中国留学生跨文化学习过程中展现的中华教育价值和面临的跨文化学习困境，进一步为国内高校提升学生跨文化学习力提供参考。研究运用了 ATLAS.ti 7.5 质性分析软件，分析了中国学生跨文化科研学习的特点	第一，确定调查对象。研究选取 16 位资深荷兰导师作为调查对象。第二，梳理调查流程。调查分两个阶段进行：第一阶段针对导师指导中国博士生过程中遇到的具有较大影响和深刻印象的事件展开；第二阶段深入调查跨文化科研学习面临的挑战和冲突的成因和应对策略。第三，数据分析。依据迈尔斯、休伯曼和索尔达纳质性研究方法，采用 ATLAS.ti7.5 质性分析软件对文本进行系统编码分析	访谈分析结果显示：受访荷兰导师对中国学生群体的多样性有比较具体的认识，通过与中国学生的深入接触，受访导师充分认识到了中国学生的多样性，这明显区别于中国学生在西方既有的刻板印象。跨文化差异也让他们认识到中国学生所具有的特质，如学生勤奋好学、不轻言放弃等。同时他们坦承指导中国学生跨文化科研学习时面临诸多困难，特别在语言、学习主动性、批判思维、沟通能力、合作学习等方面存在的不足。此外，访谈还显示跨文化碰撞可促使导师进行自我反思并改进指导策略
《高校学生职业成功观的影响因素分析——基于多案例研究》[②]	该研究探索哪些因素影响高校学生职业成功观的变化，根据扎根理论的开放式编码、主轴式编码和选择式编码步骤，利用 ATLAS.ti8.0 软件对访谈文本进行编码，以探讨外部因素和内部因素对高校学生职业成功观转变的影响	案例筛选。根据艾森哈特（Eisenhardt）提出的案例选取三大原则设置该研究案例筛选标准：第一，所选案例具有代表性；第二，从中国人民大学劳动人事学院"中国 HR 职业发展状况调查"2017—2020 年的匹配数据中，选取职业成功观的三个维度均发生显著性变化的高校学生；第三，能够保证所选案例数据获取的便捷性和准确性。根据扎根理论的开放式编码、主轴式编码和选择式编码步骤，利用 ATLAS.ti 8.0 软件对访谈文本进行编码	通过案例分析，得到了以下命题。命题 1：高校学生的实践经历能够影响其职业成功观。命题 2：高校学生的人际环境能够影响其职业成功观。命题 3：高校学生的 KSA[③] 能够影响其职业成功观。命题 4：高校学生的自我成长能够影响其职业成功观。命题 5：外部因素影响内部因素的形成。最后提出自己的对策建议。多案例分析归纳出影响高校学生职业成功观改变的两大因素，其中外部因素包括校外实践活动、校内实践活动、家庭成员、高校教职人员、朋辈群体五个方面，内部因素包括 KSA 和自我成长两个方面

① 胡燕娟. 新时代中国学生跨文化科研学习困境与超越——基于荷兰博士导师视角的质性研究[J]. 江苏高教, 2019（10）：77-83.

② 姜男，周文霞. 高校学生职业成功观的影响因素分析——基于多案例研究[J]. 中国人民大学教育学刊, 2021（1）：47-58.

③ KSA 具体指的是知识（knowledge）、技能（skills）和态度（abilities）。